VIDA Y ÉPOCA DE LA AUSENTE EILEEN

Manuel García Pérez

VIDA Y ÉPOCA
DE LA
AUSENTE EILEEN

R E N A C I M I E N T O
XI PREMIO DE POESÍA
J U A N A   C A S T R O

XI PREMIO DE POESÍA JUANA CASTRO
Ayuntamiento de Villanueva de Córdoba

Un jurado compuesto por Dª. Juana Castro, D. Manuel Gahete, D. Francisco Onieva, D. Pedro Sevilla, D. Antonio Luis Ginés y Dª Natividad Pedraza Rubio, concedió el XI Premio de Poesía Juana Castro a la obra
Vida y época de la ausente Eileen *de Manuel García Pérez*

www.editorialrenacimiento.com
POLÍGONO NAVE EXPO, 17 • 41907 VALENCINA DE LA CONCEPCIÓN (SEVILLA)
tel.: (+34) 955998232 • editorial@editorialrenacimiento.com

Diseño de cubierta: Equipo Renacimiento

DEPÓSITO LEGAL: SE 439-2025 • ISBN: 979-13-87552-44-2
Impreso en España • Printed in Spain

A mis hijos Iván y Manuel.

«Ahí está, una persona zambulléndose en lo desconocido, y lo hacía completamente despierta».

OTESSA MOSHFEGH

«Pero los suicidas tienen un lenguaje especial».

ANNE SEXTON

«Me dormí como un dedo curvo yace».

SYLVIA PLATH

«And all the roads we have to walk are winding
And all the lights that lead us there are blinding».

«Wonderwall», OASIS

«He visto un mirlo
hacerle muecas jeroglíficas
al resplandor de moda.
¿Quién olvidó la luz de las nubes?».

ALICE OSWALD

DICHA ME GUSTA MÁS QUE *ALEGRÍA*

MI AÑO DE DESCANSO Y RELAJACIÓN

Déjalos en paz durante mucho tiempo
aunque mueran de tristeza.
He intentado respetar
los hermosos días, uno tras otro.
Hasta los he escuchado, fluctuantes,
cuando ya no era joven
ni me llamaba como mi madre.

Si no regresan los chicos de Moorehead,
dejaré de ponerme mi abrigo evasé
de lana carmesí.

                    No preguntes
por la cajetilla de cigarrillos Salem
mientras me cepillo el pelo
y el carmín no remedia
el rastro del tiempo que muestra
el interior de mi boca: encías separadas,
más dientes amarillos.

Trabajaba en la cárcel
y escribía sobre cualquier hábito desabrido.

Nadie vestía con tantos tonos
de morado como yo: malva, índigo y amaranto.

Hasta hace poco la palabra *inclinación*
no figuraba en mi vocabulario.

Creo que me volvería loca
si me apeteciera dormir.

DÍA DE FERIA

Porque flotaba a su alrededor
como algodón de azúcar.

Porque no importaba tanto
perder otra pitillera de plata.

Porque paseaban mujeres hermosas
como niños incólumes.

No heredé los ojos de mi madre
ni su devoción a esparcir cenizas por el mar.

Nadie era capaz
de observar las palomas como yo.
Sutilmente decepcionada,
pero redimida por no parecerme
a esas otras estudiantes que calzaban
 botas de montar de hombre.

Y no pasaba nada
si no descendían hasta el Hudson,

como antaño, las barquichuelas
y las cajas de barras de labio naranja.

Cuántas veces el tiempo ha renunciado
a abrir nuevas raíces entre mis piernas.

Cuánta ginebra
ha escondido este armario.

ORACIÓN PARA COLIN STETSON

Volví a dejar el libro en el suelo
y, como mi abuela y las hijas de mi abuela,
fui huérfana de la misma mancha
de sangre sobre la nieve.

Conocí a varios hombres
en el único bar del pueblo.

Porque los parques siempre me fueron hostiles.

¿Qué quieres tomar?
Supongo que una cerveza.

La ginebra ya se había llevado
cualquier otro recuerdo de un diálogo anterior.

Me eché un chal de mohair
sobre los hombros y me solté el pelo.
Las partituras de Colin Stetson
planearon hasta el sucio linóleo.
Demasiadas melodías rezan
que la vida se parece a un narcótico.

¿A qué hora te vas a la cama?
Cuando el aliento deja de oler
a tabaco y a caramelos de violeta.

Nunca adivinaron mi nombre
ni que esta tananoesteta
todavía reúne fuerzas suficientes
para dar de beber a su padre.

LOS NIÑOS QUE NO AMAN A LAS TORTUGAS

OJALÁ fuese esa mujer falsa e irritable.
Ojalá fuese una hermosa tortuga
y dejara de moverme con el frenesí de antaño.
O esa madre que sangra a causa de un desgarro.
O una hija ejemplar con un revólver
apuntando a los niños que salen de la escuela.

Fue entonces cuando se abrió una puerta
y mi rostro confesó tanto a mi reflejo.

Han degollado otro canario
en un entremés de Susan Glaspell.
Nunca confíes en alguien
que conduce sin escuchar a Sinatra.

Ojalá regresara a mi cárcel infantil.
Ojalá las agujas no quemasen tanto
al cruzar otro océano de entrañas.

Queda mucho tiempo
todavía para hacernos daño.

NO ES UN HAIKU

Un poema de Anne Sexton reza
«*Dios mío, lo siento*».

Las mañanas son innecesarias
como peinarse el pelo mojado,
o seguir apuntando a los niños,
pensando que el arma no está cargada.

INHALADORES POPPER

En algún momento de aquella mañana
fui al servicio de señoras para inhalar Popper.
Aquel feo bolso de cuero marrón
me quitaba el sueño.

Olvidé incluso
hasta cómo se frota una cerilla
o cómo se descongelan los arenques.

Tiré de la cadena y escuché
la misma canción de K. D. Lang.

Que la sabiduría alimenta
a los más jóvenes.

Que tal vez un imán
atraiga todas las almas hacia la verdad.

No siempre podré bailar
sobre el asiento de un Chrysler,
ni ganarme la simpatía
del resto de presas.

En el aparcamiento,
en algún momento,
hundí los tacones en la sal de roca.

Una fatalidad tras otra.
El vuelo gris
de un cernícalo hacia lo siniestro.

Una brisa marina cerró mi ataúd
antes de tiempo. Un peso muerto
en el regazo. Infanticidio
por ahogamiento.

Otra chica rara
a la que tomarle las huellas.

Así he sido.

La tierna tristeza destrozó
al bedel ante mis ojos.
Después del disparo,
el aire de la habitación giró
con el polvo. Qué otra cosa
podía ser más importante.

REBECA A TRAVÉS DE UN ORFIDAL

ME cogió la mano
y la miré sin parpadear a la cara.
No sé todavía
si era realmente hermosa.
Elogié la vegetación,
nuestra historia,
la vegetación que medra
alrededor de Rebecca,
la vegetación que no se deja impresionar
y que fuman las mujeres
que siguen trabajando en el hospicio,
para allanar la nada
en presencia de nadie.

De cuánto les gustaba la playa,
mejor callarse.
Jesús de mi corazón,
que yo también soy huérfana.

El ruido del cepillo
volvió a comenzar despacio.
Alguien había bajado
el volumen a mi nueva tele.

AMOR DE MADRE

REGRESABAN sus manos
a mi cuello. En aquella época,
era todo el afecto
que recibía. Se me llenan
los ojos de lágrimas
al besar la única foto.

Una rociada de nieve hizo vibrar
las ventanas de la cocina.
Me enteré
por los periódicos.
La encontraron en las rocas
con la misma expresión furtiva.

Alguna vez sus manos
habían ascendido además
por mis muñecas.
Heredé la rosa de su boca.
Y nunca me atreví a pronunciar

su nombre junto al mío,
ni tuve que formular la pregunta adecuada.
¿Quién teme a Virginia Woolf?

Su piel translúcida
siempre gustó probarme.

EL DÍA QUE MI PADRE SE MUDÓ

Ha hablado conmigo
en la penumbra del altillo.
Otro año bisiesto
para recordar y tragar saliva.
Ha hablado conmigo
un poco cada día.

Ni siquiera el cadáver
de mi propio padre
me había afectado tanto
como esa carta de su puño y letra,
dedos en desorden,
la máscara mortuaria
de mi compañero de chat,
veinticuatro años
obsesionado con la muerte,
trankimazines y esquejes de naranjos,
biselados espejos, ébano cubierto
de nieve, lugares
que ninguna oscuridad pisaría.

Dejé que su plato
se deslizara hacia el fregadero
y apagué la luz.

REBECCA'S BLUES

No me acabé el vino
hasta que me senté a la mesa
de la cocina de Rebecca.
Los tordos ya no chocaban
contra el vidrio tintado de las ventanas.

Abrió el albornoz, su estola
de piel, y no me decepcionó
lo que tantas veces había meditado:
«*Si me amaras, no verías mis defectos*».

Jugueteó con el pelo
antes de vaciar otra cerveza Schlitz
donde echaba la ceniza
de un último cigarro.
Una repentina mácula turbó su escrutinio.
Ya no éramos amigas.
Ya no había por qué tener miedo.
La ginebra también había tentado a Nabokov.

Rebecca siempre prefirió
mis botas altas de cuero a las suyas.

BANG, BANG

No debe de haber
ninguna como esa en medio
de este desorden.

Una pistola
que huela a tu padre.

¿QUIÉN TEME A VIRGINIA WOOLF?

EL SOMBRÍO ENCANTO DE UN CIGARRILLO

NADIE me había enseñado a llevar
un gato sucio entre los brazos.
El teléfono colgaba junto al vano de la cocina.
Atisbé una sombra, otra más,
irrumpiendo en una casa llena de borrachos.
Y no pude entonces recordar las redondeadas lápidas
que asomaban de la corteza helada,
ni las insignias en sus estrías.

Fue un alivio. Como el lustre de mi piel
bajo la enfermiza claridad
de anuncios pasados de moda.
Ese sombrío encanto
de los cigarrillos más baratos,
de harapos flotando en las aguas
que drenaban las canaletas.

Hay ricos
que nunca terminan sus frases.
Lo más normal
es que hubiese preferido acompañar

a mi madre hasta la parroquia,
rociar con gasolina las rodilleras
de los reclinatorios.
Escribir sobre los matices del fuego.
No dejar que la nieve
cayese con tanta fuerza.

Gente como yo nunca lleva dinero.

INSOMNIO

Conté los números de las casas.
Figuras de Navidad
se habían clavado en la nieve.

Tranquilas calles aleteaban
con luces sin rumbo.
No quise la misericordia
de tanta violencia sometida
a una feliz estampa del tedio.

Alcé la mirada y allí estaban
los mismos aceros anaranjados
de ese poema titulado «Noche estrellada».
Afortunadamente, la licorería estaba abierta.

PALOMAS MUERTAS

No he querido descansar
a su lado. Mamá ha dejado de hacer preguntas.
La brumosa línea de sus ojos
pertenece al dolor de los enemas.
He criado a una estúpida.

Pero la luz avanza
porque nadie ha cerrado con llave.
Los mismos caminos,
mamá, conducen a las mismas palomas
muertas de las aceras.

Quédate
con esa sentencia
y deja
que salte a la comba.

ODA A OUSE

Aquí afuera no estoy a salvo.

¿Quién teme a Virginia Woolf?
Una sirvienta descalza
que besa el plácido pecho
de mi madre enferma
y amontona rebanadas de pan
sobre la encimera.

Cómo afligen los regalos
al pie del árbol,
o enviarse felicitaciones
cuando la vida que queda
con un almohadón se extingue.

¿Quién teme a Virginia Woolf?

Quien escucha hablar a su pistola
dentro de un bolso. Amén.

HACIA LA NADA

Hacia la nada
en presencia de Rebecca.
Vivamente su imagen,
ojos hinchados y rojos
frente al célebre espejo.
La hermosa quietud
bajo la noche. Mi camino de salida
hacia una luz menguante
sin presencia de sus otros rostros.

Tan solo un lugar en esta tierra,
en presencia de Rebecca.

Atisbos todavía de un viento
que aúlla, una huérfana
que conduce a solas
en un gélido amanecer de Navidad.
Alguien ha dejado de respirar
dentro de un Cadillac blanco.

SEIGNER EN LA CUARTA PLANTA

EMMANUELLE Seigner está increíble
en esa película.

Pero quién me asegura
que no ordena cigarrillos en filas
o colecciona rollos de rasca y gana,
o se pasa las horas contemplando
el marrón del moho que progresa
en el pan de molde.

De Emmanuelle Seigner
cuidaron niñeras suecas
y nunca conoció la fingida templanza
que la hostilidad reserva a algunos hombres.

Algunos hombres, sí,
el verano que dejé
de dormir, algunos hombres,
quizá, coronas de flores púrpuras
secas, el segundo cáncer de mi
madre,

más revistas de *National Geographic*
sobre el tirante cuero de un traje sin planchar,
apiladas fiambreras,
barritas de granola
recién pisadas sobre el linóleo,
recetas del litio, los efectos secundarios
del Valium, algunos hombres, nunca.

No puede existir más pureza
esperando a que muera.

UN FERRI

Nos mentíamos sobre la felicidad
de nuestras vidas.

El ferri a Staten Island
se hundió en primavera.

Dios me bendijo con una correa larga.
Mis hermanas estaban de acuerdo.
Mejor así, que navegar en el ferri
o atreverse a vivir más de lo debido
no fuera a ser que la felicidad
se echase a llorar conmigo.

CABEZA DE CIERVO EN BROOKLYN

UNA cabeza de ciervo tatuada en su flácido bíceps
es lo que queda de mi padre.

Sus novias asiáticas me cercaron el día del entierro.
Vivían casi todas en Brooklyn
donde nadie escucha a los Moldy Peaches.

Amantes a tiempo parcial y esclavas a tiempo completo.

Un cuervo rasgó la nervadura de un cielo
que imaginé antes de dar la última palada.

Su belleza y la mía, nuestro talón de Aquiles.
Möge Gott ihn in seiner Herrlichkeit haben.

ESLÓGANES MOSHFEGH

Invierno en Saigón,
una bolita de pigmento
en la punta de su lengua.
La masculinidad está de moda
como el Oldsmobile
en el que murió Jackson Pollock.

De la suave luz amarilla de las farolas
solo queda el reflejo de un descapotable.

Me acostumbraron a mirar
los vacíos espacios de los interiores,
doctora Tuttle. Ojalá pudiese declinar
un verano más, dispersar el sueño
donde se viste mi madre
con un saco color paja.

Por encima del estruendo,
la templanza
del opio, la exposición solar.

ADLER EN NUEVA YORK

La última vez ya no regresé
con vosotros y la transparencia
se quedó entre las páginas de *Oscuridad total*.
La demencia fue una bendición,
como el desierto y su semilla.

Una mujer como yo
necesitaba ser atravesada
por la avizora mirada de un nuevo padre.
Ninguno de los dos merecía
ser hijo de Dios.

Escribir era peligroso,
como los coches y los gérmenes,
como esa tal Renata Adler
que leía en soledad.

Un collar de perlas apretado
le subía por la garganta.

Su número no estaba en mi móvil.
Ni sé si alguna vez estuvo despierta.

TRIFLES

La nada no es consciente de mí.
Ni los biselados bordes
de la pastilla
que raspa en su camino
garganta
abajo.
Las limpiadoras
me guiñan un ojo.
Mudo de piel
en el conticinio de cada primer sábado de julio.

ME ESTOY CULTIVANDO

ACAMPADA EN MICHIGAN

E SCRIBIR es omitir
la intimidad que no se elige.

Necesito más Infermiterol.
Porque el mundo avanza tan despacio
como los bancos del Parque Michigan
o el rímel recién corrido.

Por qué se hace jirones
esta cinta de seda que deslizó
mi madre por el surco,
entre mis costillas.

Por qué todo aburrimiento
parece fingido.

Por qué cerró la escotilla
sin decir adiós.

POST-IT

Lo que ya no será
un presagio evidente, este lecho
de muerte, la misma película
de John Cassavetes, su esposa
en la primera fila,
una capa de pintalabios,
los nombres de una agenda,
una lengua rosa pálido,
lenguas de humo,
el final sin bruma
de la misma carretera,
trajes de lamé dorado,
esta narración
discontinua
que no conduce
a ninguna estación próxima,
la cola del baño,
fundas vacías,
instantáneas sobre Elvis,
el norte de Manhattan,
donde se murió mi padre.

MORIR EN EAST RIVER

¿CUÁNTO frío tendría que hacer
para que un zorro blanco vivo se congele?
Es lo único que se me ocurrió decir
mientras apoyaba la frente
contra el nublado cristal de la ventanilla.
Morirse en este instante,
morirse en el East River,
morirse sin réplica a morirse
en sus sucias aguas,
de verdad, morirse a las diez y media,
enfrente del colmado
donde a mi madre no le quitaban ojo,
morirse en el East River de los niños ricos,
morirse en este instante,
descendiendo sin propósito,
como se muere el mundo artístico,
morirse como un zorro
blanco vivo,

por un frío que se entierra
hondo
en los huesos.

Dejar de robar vestidos.

TRIFLES II

Las cosas siguen su curso.
Prozac en vena,
la extraña mezcla
de cine independiente
y retórica de anuncios televisivos.

Si mi corazón late más despacio,
me beberé otra botella del funeral de mi padre.

EL HOMBRE DE LA RESIDENCIA

Ni remotamente dormido.
Mi padre atrajo mi mano a la suya.
Rocé su pecho de plomo.
El hambre y las ojeras me sitiaban.
No le conté a nadie de la residencia
lo que pasaba de verdad.

Hervía su cuerpo
pues yo era su cuerpo,
la piel traslúcida,
el níveo destello que raya el suelo,
la cruz de la capilla,
el largo y extenuado verano que quedaba
hasta otra hibernación.
Mi madre jugando a ser Lolita.

PRIMER MANDAMIENTO

Se entregaba a la ginebra
como el solitario pájaro de Yeats al fuego.

FINAL DE UN JUEVES

No era Ucrania
el bosque desolado y gris
ni un bar de carretera
con prostitutos acabados, ensayé.

Una tal Jessica Hornstein se persignaba
y cerraba despacio la puerta tras de sí.

Con nostalgia de otro mundo,
decidí quedarme con el vino.

UN LUGAR SEGURO

¿QUÉ era el paraíso?,
dijo el padre con acento británico.
¿Qué era el paraíso?
Había acabado su ebrio paseo
por la playa.
¿Qué era el paraíso?
Una pitillera de labrado cuero
para unos cigarrillos Kools.

Luces de prisión
que nunca orientan hacia el norte.

SEGUNDO MANDAMIENTO

DURMIENTES lobos
oscuros de las montañas
me escoltarán un día
por las calles en una comitiva
hasta Las Vegas.

BAJO LA PIEL

Under the skin
se llamaba la película.
Por qué no me metí
en algún encuadre
con mis labios escarchados
de rosa pálido,
con mi risita ahogada,
con la misma apetencia
de no besar a nadie nunca.

Con la misma piel quemada
de Scarlett Johansson
nutriendo las nevadas coníferas.

EL CAJÓN DE LA MESITA DE NOCHE

DIRTY KISS

Como si fuera escarcha
el delineador blanco
sobre los párpados.

Por favor, no vuelvas a llamar a Bob Sears.
No es bueno para mí,
profesionalmente hablando.
No quiero que me vea así.

Una carta tenía tres diamantes verdes.
Las partidas se pierden con la edad
así que me obligaron a besarlo.

Cuántas veces debo respirar hondo
para bailar con sombras bajo la luna.
No son hombres en realidad.

Son el comienzo de una frase.

LAS CHICAS RARAS

TENÍA que casarme con ella.
Su madre nos regalaría
sendas túnicas de algodón orgánico
de Eileen Fisher.

Moriría sola,
si no me casaba con ella.
Estaba tan harta de que la providencia
me vistiera con una piel falsa.

Mis ojos azules y los suyos,
y quince dólares hasta Canadá.

Era solo amor
pudriéndose por dentro.

POST-IT II

En aquel entonces,
madera vieja curada,
el error de volver a jugar,
pensar en el protagonista de *La zona de interés*,
en la historia de una dama y un perro,
volver a excitarse
con la oferta de cerveza Tecate.

Asientos al aire libre.
Ritos de paso en un autocine.

BAILAR A LA LUZ DE LA LUNA

No traje munición.
Aun así, nos limpiaríamos
las palmas de las manos
en los pantalones cortos.
Pólvora escanciada
entre visillos de luz solar.

Dios dejó que volviese a la cama
para no compartir más absenta.

MARCIA QUE ESTÁS EN LOS CIELOS

La miré lamer el whisky
con los labios. Más lustre
para un añoso sofá
donde se perdía
entre tipos oscuros.
La siguieron por la playa
como gatos.
Un drama llama a otro drama.

Absolutamente preciosa,
Marcia haría todo lo posible
por morir de hambre.
Bendita sea.

TERCER MANDAMIENTO

Aún se eleva de las cenizas
el más terrible sueño.
Hacia el árbol miran desnudas
todas las mujeres que fue Rebecca
cuando estaba viva.

Y se parecían a mi madre.

EL FANTASMA DE TREVOR

Las mismas palomas invaden
su ventana y el insomne pregunta
si quieres acompañarme.

Hay parques mucho más hermosos
en la ciudad.

Tampoco todos los niños son huérfanos.

No me envíes más adonde
todas las preguntas tienen respuestas.

Ya no hay seguridad en mi
casa, pero dile *buenos días* a
Trevor y vuelve a mentirme
como si fuese la primera
que escribe sobre tu impotencia.

SALMO SUBROGADO

¿*CREES que vas a morir?*
Seguramente no volveremos a vernos.
Todas las tiendas están cerradas.

Hay demasiadas personas viviendo en esta casa.
Demasiadas brechas para un mismo labio.

Estoy enferma de mí misma
y he comenzado a perder las cosas.
Nunca podré golpear ni herir a nadie.
¿*Crees que vas a morir?*
Mi madre estaba segura
de que mi revolución no serviría para nada.

MONICIÓN DE SALIDA

No odio la vida
como tampoco a las chicas de Hooters.

No fui una hija perfecta
ni arranqué pétalos a una flor
mientras los alféizares anhelaban
el rosa satén de mi bata,
la prueba de la frustración
de cada uno de mis éxitos.

No odio la vida. «Cariño»,
me llamaba ella
y aquella noche dormí en el sofá
mientras me enjugaba las lágrimas.

No merecía ser feliz
si no estaba el nostálgico de mi padre
inhalando el humo de mi boca,
la vida que ya no le quedaba
y que, al otro lado del río,
ya no se encogía de hombros.

No odio la vida.
A veces, solo a quien escribe
con la nostalgia de otros mundos
que ya no me merecen.

ÍNDICE

DICHA ME GUSTA MÁS QUE *ALEGRÍA*

¿QUIÉN TEME A VIRGINIA WOOLF?

ME ESTOY CULTIVANDO

EL CAJÓN DE LA MESITA DE NOCHE

Vida y época de la ausente Eileen,
de MANUEL GARCÍA PÉREZ,
XI Premio de Poesía Juana Castro,
salió de la imprenta el
5 de marzo de
2025

¡Sssssshhhhhhhhhhh!

Haz del teatro algo íntimo

Llévalo siempre en el bolsillo

Cubierta y diseño editorial: Éride, Diseño Gráfico
Dirección editorial: ángel jiménez
Dirección de la colección: Ramón Paso
Maquetación: Ana Azorín

Primera edición: octubre, 2025

Retablo pánico
© Ramón Paso
© Del prólogo: Fernando Arrabal
© VdB, 2025
Espronceda, 5
28003 Madrid

VdB®

ISBN: 979-13-87644-55-0
Depósito Legal: M-22498-2025
Diseño y preimpresión: Éride, Diseño Gráfico

Este libro protege el entorno

RETABLO PÁNICO

De Ramón Paso

Ramón Paso
(Madrid, 1976)

Dramaturgo, guionista y director de escena. Nieto de Alfonso Paso y bisnieto de Enrique Jardiel Poncela.

Cuenta a sus espaldas con más de cincuenta montajes teatrales, tanto como dramaturgo, director de escena o en ambas funciones, entre los que podemos destacar títulos como *El reencuentro, El mensaje, Dos locas de remate, La importancia de llamarse Ernesto, Usted tiene ojos de mujer fatal... en la radio, Otelo a juicio, Blablacoche, Papá es Peter Pan y lo tengo que matar, La ramera de Babilonia, Drácula. Biografía NO autorizada, Lo que mamá nos ha dejado, El secreto, Huevos con amor, Jardiel enamorado* o el musical *Desencantadas*. Por otro lado es responsable de las últimas versiones estrenadas de *Eloísa está debajo de un almendro* de Jardiel Poncela, *Otra vuelta de tuerca* de Henry James, *Sueño de una noche de verano* de William Shakespeare o *Tragedia española* de Thomas Kyd.

Además, ha trabajado como guionista de televisión para algunas de las más importantes productoras audiovisuales del país.

Desde 2016 hasta 2018 trabajó en el Centro Dramático Nacional como asesor de dramaturgia, bajo las órdenes de Ernesto Caballero.

Ramón Paso

RETABLO PÁNICO

Esta función se estrenó en la sala La Nao 8 de Madrid
el 1 de mayo de 2015,
con el siguiente reparto, por orden de intervención,
Nena / Rion (Ángela Peirat), **Lulú / Oráh** (Inés Kerzan),
Tantán / AZ (Cocó Jiménez Carvajal),
Etah / Ceh (Ana Azorín), **Figura / La muerta** (Cristina Varona).

Dirección: Ramón Paso.

Querido conciudadano e incluso
coterráneo de la última «polka»:
me siento arrebatado por el volvol
de tu pupitre-escribanía
y sus tesoros a marea alta;
como ves he terminado tu prefacio
y su intrigante madrigal,
tu obra después e incluso antes
de mi ayuno circular
evoca,
con sus olas furiosas
las naranjas manzana;
mantén tu calma,
resiste estoicamente
como la ex-Birmania
con su cabello ambarino;
hago una copia del prefacio
para César a pesar
de su reciente ocultación;
¿en su barba florecen tiestos
en la arena desnuda?
Te deslizo además una nota azulada
con bordes sin deshilachar:
el pánico exalta tu libro;
confío en ello con rubí hilado;
soy especialmente ditirámbico

con mi ex-vecino Vaché
y sus atornillados besos envelados;
tuyo,
«arrabalaicamente»,

Fernando Arrabal.

Personajes

Por orden de intervención

Nena
Lulú
Tantán
Etah
Figura
Ceh
Oráh
Rion
La muerta
AZ

8 2

*La luz se hace sobre un espacio aséptico y frío, donde, en el foro, sentado en una silla negra, sobre un pequeño altillo, se encuentra **AZ**, atado con cadenas a la misma silla, la cual se encuentra en el medio de una espiral de dibujos infantiles que cubre todo el foro. El resto de la compañía sale a escena, al tiempo que el ambiente se llena de risas infantiles. Mientras dos de las chicas reparten preservativos entre el público, susurrándole al oído la frase: «Para que no sucedan cosas malas...», los demás integrantes de la compañía, utilizando una cadena, ahorcan a una de las chicas – de las que no reparten preservativos, obviamente – hasta que muere. Entonces, queda colgando en actitud procaz, y, lentamente, se hace un oscuro para desembocar en la primera escena.*

Nena   (*Desgarrada.*) ¡Sálvame! Por favor, ¡sálvame!

Lulú   (*Sorprendida.*) ¿De qué?

Nena   (*Susurrando.*) De ti.

            (*La luz comienza a hacerse muy lentamente. El escenario está vacío. La escena la conforma un círculo perfecto de luz. Fuera de ese círculo sólo hay tinieblas. Dentro del círculo están* **Nena** *y* **Lulú**. *Las dos tienen algunas cosas en común. Ambas son de una edad similar —da igual cuál sea— y en ambas se observa un mismo aire físico. No es que se parezcan, pero si una es clarita, la otra también debe serlo; si una fuese morena, la otra también lo sería... En cuanto a actitudes son muy distintas.* **Nena** *viste un vestido blanco, muy desgastado, casi transparente por el uso, y sus ademanes son infantiles, aunque decididos. Está sentada en el suelo, con las piernas abiertas, formando una barrera. Dentro de esa barrera hay media docena de ovillos de lana, de distintos colores, deshechos. Ella está intentando desliar las lanas y conformar* *los ovillos como es debido. Por su lado,* **Lulú** *viste un vestido igual que el de* **Nena***, pero nuevo. El de* **Nena** *se pega al cuerpo, viscoso, manoseado, mientras que el de* **Lulú** *vuela por todo el escenario cuando ella se mueve.* **Lulú** *está tumbada en el suelo, pintándose las uñas de rojo brillante. Se pinta una uña con mucho cuidado —aunque se sale y lo hace horriblemente mal, manchándose las manos— y después, sopla con fuerza sobre la uña recién pintada.* **Nena** *intenta concentrarse, pero el ruido de* **Lulú** *soplando la pone nerviosa. Se tapa los oídos con las manos. Sigue oyéndola soplar. De pronto, da un golpe muy fuerte en el suelo con la palma de la mano.*

Así comienza la acción.)

Nena   ¿Puedes parar?

Lulú   (*Soplando.*) ¿De qué?

Nena   (*Autoritaria.*) ¿Puedes parar?

Lulú   No estoy haciendo nada.

Nena   El ruido. ¿Puedes parar con el ruido?

(**Lulú** *se detiene un segundo y, lentamente, tumbada aún en el suelo, gira la cabeza hacia* **Nena***.*)

Lulú   No estoy haciendo ruido.

Nena   Sí lo haces.

Lulú	A mí no me molesta.
Nena	Pero lo haces.
Lulú	Te estoy diciendo que a mí no me molesta.
	(**Lulú** *vuelve a mirarse las uñas y sopla con fuerza.* **Nena** *da otro golpe en el suelo.* **Lulú** *se gira rápidamente hacia ella.*)

Nena	¡Que pares! ¡Que pares de una vez! ¡Para! ¡Para ya! ¡No hagas más ruido, Lulú!
Lulú	Cuanto más me digas que no lo haga, más pienso hacerlo. (**Nena** *hace ademán de levantarse, pero se lo piensa mejor. Se tranquiliza con un gesto y regresa a sus ovillos.* **Lulú** *se da la vuelta, quedando tumbada en el escenario bocabajo. Apoya la cabeza en sus manos. De pronto, parece muy inquieta, como si algo la molestase, y vuelve a girarse, quedando boca arriba. Empieza a restregarse por el suelo.* **Nena** *intenta no mirarla.*) Me pica.
Nena	¿El qué?
Lulú	La piel. Me pica toda la piel.
Nena	Ráscate.
Lulú	¡Ya lo hago!
Nena	No lo estás haciendo.

Lulú	¡Sí lo hago!
Nena	Entonces no debería picarte.

(**Lulú** *comienza a rascarse con fuerza.*)

Lulú	No pasa nada.
Nena	Hazlo bien.
Lulú	Me sigue picando.
Nena	Ráscate más fuerte.
Lulú	Me hago daño.
Nena	Pues háztelo.
Lulú	¿Quieres que me haga daño? ¿Tú quieres que me haga daño?
Nena	Yo no he dicho eso.

(**Lulú** *se rasca cada vez más rápido y más fuerte.*)

Lulú	¡Se me levanta la piel!
Nena	(*Deshaciendo un nudo especialmente difícil.*) Espera.
Lulú	¡Se me levanta toda la piel!
Nena	(*Resistiéndose a dejar el ovillo.*) Espera.

Lulú	¡Toda!
Nena	(*A punto de acabar.*) ¡Espera!
Lulú	¡Me sale sangre! ¡Me sangra toda la piel! ¡Tengo las uñas llenas de sangre! ¡Estoy llena de sangre por todas partes!
Nena	¡Espera!
Lulú	¡Hay sangre, Nena! ¡Hay sangre!
Nena	¡Para! Ya voy.

(**Nena** *deja el ovillo a un lado, el cual vuelve a enredarse, y corre hacia ella. Le sujeta las manos. Lucha contra ella. La pone bocabajo y le rasca la espalda en contra de su voluntad. Durante todo el proceso* **Lulú** *ha gritado y se ha resistido, pero ahora, mientras la rascan, está muy contenta. Se ríe y retoza.* **Nena** *se aleja.*)

Lulú	Más.
Nena	No.
Lulú	¡Quiero más!
Nena	No puede ser.

(**Nena** *se sienta junto a sus ovillos y vuelve a intentar ordenarlos.*)

Lulú   ¡Más!

Nena   No.

Lulú   (*Subiendo el tono.*) ¡Más!

Nena   (*Susurrando.*) Déjame en paz.

Lulú   (*Terrible.*) ¡Más!

Nena   (*Susurrando.*) Muérete.

Lulú   (*En un maullido.*) ¡Más!

Nena   (*Seca, dura.*) No, no hay más.

Lulú   (*Con un mohín infantil.*) ¿Más?

Nena   Por favor...

Lulú   (*Llorando.*) Más.

Nena   Para. (**Lulú** *llora más fuerte.*) ¡Para! (**Lulú** *llora aún más fuerte.*) ¡He dicho que pares! (**Nena** *la escucha llorar unos segundos. Se tapa los oídos. Se gira. Se niega a acercarse.* **Lulú** *llora cada vez más alto.* **Nena** *grita, se acerca y la abraza. Después la acuna. Susurrando.*) Yo no debería acunarte.

Lulú   (*Satisfecha.*) Pero lo haces tan bien...

Nena   No es justo.

Lulú	¿El qué?
Nena	Que sea yo la que tenga que acunarte.
Lulú	(*Encogiéndose de hombros.*) Se te da bien.
Nena	No me gusta.
Lulú	Disfrútalo.

(**Nena** *comienza a llorar sin hacer ningún ruido. De sus ojos resbalan lágrimas.*)

Nena	No debería pasar.
Lulú	Me estás mojando.
Nena	Son lágrimas.
Lulú	Pues que no me mojen. (**Lulú** *se gira y, con rudeza, le limpia la cara a* **Nena** *de lágrimas. Después se coloca en la misma posición para que siga acunándola.*) ¿Ves? Mejor.
Nena	No quiero hacerlo más.
Lulú	No te oigo.
Nena	No quiero seguir así.
Lulú	Cuando dices esas cosas no te oigo.
Nena	No lo voy a hacer más.

(**Nena** *intenta soltarla, pero* **Lulú** *se agarra con fuerza y comienza a acunarse con furia.* **Nena** *grita, mientras* **Lulú** *se acuna y entona una canción infantil. De pronto,* **Lulú** *para de golpe.*)

Lulú Ya no me apetece. Para. Déjalo. (**Nena** *respira muy rápido, sin moverse.*) No me toques. (**Nena** *no reacciona.*) ¡Que no me toques! Ya no quiero. ¡Suelta! (**Lulú** *la aparta con fuerza. Se arregla la ropa y mira a* **Nena**.) Enséñame un juego.

Nena (*Limpiándose las lágrimas con las manos.*) A ti no te gustan mis juegos, Lulú.

Lulú Me gustan los juegos divertidos.

Nena Los que hacen daño.

Lulú Los divertidos.

Nena No quiero jugar contigo.

Lulú Tienes que jugar conmigo.

Nena ¿Por qué?

Lulú ¿Por qué?

Nena ¿Por qué tengo que jugar contigo?

Lulú Porque yo te he enseñado a jugar. Ahora tienes que jugar conmigo. No te queda más remedio.

¡Lo he hecho para eso! Si no, ¿por qué iba a hacerlo? Juega conmigo.

Nena   No.

Lulú   Juega conmigo.

Nena   (*Apartándose brusca y volviendo a sus ovillos.*) Yo no debería jugar contigo. Tú deberías jugar conmigo.

Lulú   Tienes que hacerlo.

Nena   No, no tengo ninguna obligación de jugar. No es mi obligación. No quiero hacerlo. No tengo por qué hacerlo. No voy a hacerlo.

Lulú   Pero yo quiero jugar.

Nena   Juega si quieres.

Lulú   No puedo hacerlo sola.

Nena   Busca señoras como tú.

Lulú   ¿Como yo?

Nena   Busca señoras como tú para jugar.

Lulú   Yo no soy una señora.

Nena   Pues mujeres. Busca mujeres como tú para jugar.

Lulú No soy una mujer. Soy una niña, una niña preciosa con las uñas pintadas y el pelo lleno de lazos.

Nena No eres una niña.

Lulú Sí lo soy. ¡Soy virgen!

Nena No eres una niña. No eres virgen. No tienes lazos. Eres una mujer. Busca más mujeres como tú para jugar o para hacer lo que te dé la gana.

Lulú No hay mujeres como yo. (**Nena** *la ignora.*) ¡No me entiendes! ¡No sabes cómo me siento de sola! ¡No eres capaz de comprender nada de mí! ¡No te enteras de que no hay mujeres como yo! Sufro mucho. ¡Sufro muchísimo, caballero!

(**Nena** *le sostiene la mirada un segundo a* **Lulú**, *y habla muy despacio.*)

Nena El mundo está lleno de mujeres como tú.

Lulú No. Son distintas.

Nena Se salen del mundo. Se vierten del mundo. Rebosan del mundo.

Lulú Juega conmigo.

Nena No puedo.

Lulú	¿Por tus ovillos? (**Nena** *no contesta y* **Lulú** *se pone de pie. Autoritaria.*) ¿Por tus ovillos? ¡Contéstame, Nena! ¿Por tus ovillos? (**Lulú** *se acerca corriendo hasta* **Nena**. **Nena** *coge los ovillos y los protege entre sus brazos.* **Lulú** *la mira y habla masticando las palabras.*) Juega conmigo.
Nena	(*Con miedo.*) ¿A qué quieres jugar?
Lulú	A las mamás y a las hijas. (**Nena** *niega con la cabeza muy rápido, muerta de miedo.*) ¡A las mamás y a las hijas!
Nena	No, a eso, no. ¡Por favor! ¡A esconderse, a los pájaros, a los topos, a los sillones rotos, a los huevos de los que se escapan pollitos muertos...! ¡A lo que quieras, menos a eso!
Lulú	Has dicho a lo que quiera, y eso es lo que quiero. (*Terrible.*) ¡A las mamás y a las hijas!
Nena	(*Con timidez.*) A lo que quieras, menos a eso.
Lulú	Me estás engañando.
Nena	¡Mentira!
Lulú	(*Susurrando.*) ¡Me estás engañando, Nena!
Nena	¡No! ¡Te lo juro! Yo nunca te engañaría.
Lulú	¿Por qué crees que me puedes engañar?

23

Nena	¡Yo no te he engañado!
Lulú	(*Terrible.*) ¡Me estás engañando y ya sabes lo que les pasa a las nenas que engañan a sus mamás! ¡Lo sabes perfectamente! (**Lulú** *agarra a* **Nena** *por el pelo y la empieza a arrastrar por el escenario.* **Nena** *grita, desaforada, por el dolor y por el miedo.*) ¡Ya sabes lo que les pasa a las putas que mienten a sus mamás! ¡Ya sabes dónde van las cerdas que se atreven a ser malas con sus pobrecitas mamás! ¡Ya sabes que el demonio viene y las corta en pedazos y se las da de comer a los perros que escupen espuma por sus bocas mugrientas! ¡Ya sabes que las nenas que son malas con sus mamás acaban solas en bares donde los hombres —los hombres sucios y malvados, los hombres con trozos de carne entre los dientes y manos grasientas de tocarse sus pollas sebosas— donde los hombres, esos hombres de los que estábamos hablando, las follan por el culo y por la boca y por el coño sin antes invitarlas nunca jamás a una Coca Cola! ¡Y, entonces, ya nadie las quiere porque huelen a grasa de hombre y a mierda de demonio y a meada de perro! De perro feo, por cierto. ¡Y su boca es sucia y su coño es negro y su culo huele a saliva podrida y a promesas que nunca se cumplen! ¡Eso es! ¡Eso! ¡Eso! ¡Eso! ¡Eso es lo que les pasa a las nenas que se creen demasiado buenas como para jugar un ratito a las mamás y a las hijas! (**Lulú** *se detiene de golpe, jadeante, y suelta a* **Nena** *del pelo, la cual se hace un ovillo en medio del escenario.* **Lulú** *la mira un segundo. Se*

cruza de brazos. Taconea. De pronto, se detiene.)
¡Voy a traer el palito!

Nena   ¡No! (*Desesperada.*) ¡El palito, no! (**Lulú** *hace mutis y* **Nena** *grita de auténtico terror, aterrada, aullando.*) ¡No, el palito, no! ¡Por favor! ¡El palito, no! ¡Seré buena! ¡Te lo prometo! ¡El palito, no! (**Nena** *corre a ocultarse entre sus ovillos. Los coge y se abraza a ellos, mientras comienza a balancearse hacia delante y hacia atrás. Susurrando.*) ¡No, el palito, no! Por favor, por favor, por favor, por favor, por favor, por favor... (*Gritando.*) ¡El palito, no! ¡Cualquier cosa menos el palito! ¡El palito, no! ¡El palito, no!

(*Mientras ella susurraba,* **Lulú** *ha vuelto a salir a escena muy despacio y se ha quedado observándola en silencio, sonriendo. De pronto, estalla en un ataque de risa. Al oír las risas de* **Lulú**, **Nena** *se gira y la mira, respirando agitada.*)

Lulú   No he traído el palito. (*Mostrando las manos.*) Mira. No hay nada. ¡No hay palito! No lo he cogido. No ha pasado nada malo, Nena. No me mires así. No he hecho nada. Solo era una broma.

Nena   ¡Nunca es una broma!

Lulú   Esta vez, sí.

Nena   Lo vas a traer. ¡Al final, lo traerás!

(*Silencio.*)

Lulú   Eres una exagerada.

Nena   Me da miedo el palito.

Lulú   Siempre estás dramatizando. (**Lulú** *se sienta junto a sus pintauñas y continúa arreglándose las manos.*) Yo solo quería jugar un poquito a las mamás y a las hijas. Nada más. Y mira la que has montado. ¡Mira lo que me has obligado a hacer!

Nena   (*Sin voz.*) Lo siento.

Lulú   (*Sarcástica.*) Yo también lo siento. (*Sincera.*) Lo siento mucho, Nena. (**Lulú** *corre hacia ella y la abraza con fuerza. Al verla acercarse,* **Nena** *se cubre la cara, como si la fuesen a golpear.*) No sabes lo mal que lo paso cuando nos peleamos.

Nena   A mí tampoco me gusta que me pegues.

Lulú   Sufro mucho.

Nena   Yo también.

Lulú   Y tú no deberías hacerme sufrir.

Nena   ¡Yo no te hago sufrir!

(**Lulú** *se aparta de ella y vuelve a arreglarse las uñas con su pintauñas.*)

Lulú	Tú no deberías permitir que yo sufriese. Deberías evitarlo en la medida de tus posibilidades.
Nena	Me esfuerzo...
Lulú	Te esfuerzas poco.
Nena	¡Me esfuerzo!
Lulú	¡Un asco de esfuerzo!
Nena	Me esfuerzo todo lo que puedo.
Lulú	(*Dejando el pintauñas.*) Y es poco.
Nena	Ésas son mis posibilidades.
Lulú	Antes tenías más posibilidades.
Nena	Siempre he tenido las mismas.

(**Nena** *vuelve a intentar desentrañar sus ovillos.*)

Lulú Pues deberías mejorar. Tú no quieres mejorar, Nena. Tú quieres ser siempre una niña y que yo cuide de ti, pero, ¿qué pasa con mi vida? ¿Qué pasa con mis asuntos? ¿Qué pasa con mis problemas? ¿Qué pasa con las cosas que yo necesito? ¿Qué pasa conmigo? Entre tú y yo siempre es más importante lo tuyo, y ya estoy harta de eso. Nena, tienes que madurar. Tienes que cambiar. No puedes pretender que yo siempre me ocupe de ti.

Nena	Tienes razón. Lo siento mucho. Creceré.
Lulú	¡Eso! ¡Crece!
Nena	¡Lo haré!
Lulú	Vale. Te perdono, pero esfuérzate más la próxima vez.
Nena	Te lo juro, Lulú.
Lulú	Ahora dame de comer.
Nena	(*Con miedo.*) Estoy ocupada.
Lulú	¡Nunca tienes tiempo para mí!
Nena	(*Con pavor.*) Tengo mi vida.
Lulú	Nunca me haces caso.
Nena	(*Temblando.*) Tengo cosas que hacer.
Lulú	¿Sabes lo humillante que resulta para una niña como yo —con sus preciosos lazos y con sus tetas tan bonitas que todos los hombres quieren estrujarlas hasta hacer que brote sangre de los pezones— tener que esperar a que alguien tan sucio como tú se digne a tener un rato para cubrir necesidades que deberían ser lo primero para ti? ¿Tú sabes cómo duele tener que estar pendiente de tus cosas cuando tú has nacido para estar pendiente de las mías? ¿Ahora resulta que

tengo que pedir cita para que te ocupes de darme de comer?

Nena   Pero mis ovillos...

(**Lulú** *se pone de pie de golpe.*)

Lulú   ¿Quieres que vuelva a pasar?

Nena   No. Perdona.

(**Nena** *se pone de pie.*)

Lulú   ¿Quieres que volvamos a hacerlo? ¿Quieres que tengamos que volver a hacerlo, Nena? ¿Me vas a obligar a hacerlo otra vez? (**Nena** *busca corriendo por el escenario.* **Lulú** *se queda de pie mirando fijamente los ovillos de colores.*) ¿Quieres que tus ovillos vuelvan a arder?

(**Nena** *se acerca con un plato lleno de tiras de carne seca y muy roja, sangrienta.*)

Nena   No, por favor. No los quemes otra vez. No me los quemes.

Lulú   Yo no los quemé, Nena.

Nena   ¡Sí los quemaste!

Lulú   ¡Yo nunca me habría atrevido a quemar tus ovillos!

Nena	¡Tú te atreves a lo peor!
Lulú	(*Subiendo el tono.*) ¡En la vida tocaría tus ovillos de mierda, que te interesan más que yo, y a los que, ¡encima!, antepones constantemente a mí! ¡Qué pena más grande siento, Nena! ¡Qué pena más grande!
Nena	(*Subiendo el tono.*) ¡Tú los odias!
Lulú	(*Subiendo más el tono.*) ¡Yo los quiero! ¡Quiero a tus ovillos tanto como tú, aunque me quiten todo el tiempo —tu tiempo— que debería ser mío!
Nena	(*Subiendo más el tono.*) ¡Te encantaría que desaparecieran para siempre!
Lulú	(*Gritando.*) ¡Yo no tengo por qué compartirte con nadie! ¡No tengo por qué! ¿Lo entiendes, niña malcriada? ¡No tengo por qué! (*Silencio. Las dos se miran jadeantes.* **Lulú** *habla, cansada, adulta.*) Anda, dame de comer. No seas cruel. (**Nena** *se sienta en el suelo y* **Lulú** *se tumba con la cabeza en sus piernas. A público.*) Antes no era así.
Nena	Antes era una niña.
Lulú	Antes querías estar todo el rato a mi lado.
Nena	Y tú nunca tenías tiempo para mí.

Lulú	A veces sí lo tenía.
Nena	«A veces» no es bastante para una niña.
Lulú	Estás llena de odio.
Nena	Estoy llena de agujeros que no encuentro forma de llenar.
Lulú	Las pollas de los hombres te los llenan muy bien.
Nena	Como a ti.
Lulú	Cállate.
Nena	Como a ti... hace tiempo, al menos.

(*Silencio leve.*)

Lulú	Cállate y dame de comer. (**Nena** *le mete un trozo de carne en la boca.* **Lulú** *se atraganta y se aparta, tosiendo.* **Nena** *la observa un segundo y después se acerca y le da golpecitos en la espalda sin demasiado interés.* **Lulú***, en cuanto se recupera, la aparta de un golpe.*) ¿Qué quieres, puta rencorosa, matarme?
Nena	Si masticases bien y...
Lulú	¿Me vas a enseñar a comer?
Nena	Solo digo...

Lulú	¿Tú me vas a enseñar a comer bien?
Nena	Intento...
Lulú	¿Tú a mí?
Nena	¡Solo digo...!
Lulú	Yo he limpiado tu mierda.
Nena	Si masticases lo suficiente...
Lulú	Y ahora tú me quieres dar lecciones a mí...
Nena	La carne es blanda...
Lulú	Lecciones de cómo masticar.
Nena	Déjalo.
Lulú	De cómo comer y tragar.
Nena	No era mi intención.
Lulú	(*A público.*) ¡A mí! ¡A mí, que he limpiado su mierda con la lengua, señores míos! (*A* **Nena**.) ¡Que te he limpiado con mi lengua —(*a público*) lengua suave, delicada y dulce— la mierda marrón y repugnante que le salía de ese agujero hediondo que tiene al final del cuerpo —nunca consigo recordar si es tu ano o es tu boca— aguantando las ganas de dejarla en un cubo de basura, donde, probablemente, su olor pasaría

desapercibido por fin! (*A* **Nena**.) ¡Tú, laguna de pus podrido, me quieres explicar a mí cosas que yo te he enseñado a ti! (*A público.*) ¡Yo, que me podría haber ido con mis amigos —con esos hombres que siempre me deseaban y con esas mujeres que siempre me escuchaban independientemente de lo que yo tuviese o no que decir— y que me quedaba a su lado intentando que todo el mundo —¡todo el mundo!— viese lo buena madre que soy! (*A* **Nena**.) ¡Lo buena madre que soy para ti! ¡Y ahora crees que me puedes explicar cómo masticar!

Nena   Sé que eres capaz de masticar.

Lulú   ¿Lo sabes?

Nena   A mí me masticas siempre.

Lulú   Anda, dame de comer.

Nena   Me da asco.

Lulú   En la vida todo da asco. Dame de comer, aunque sea por piedad, Nena. (**Nena** *le mete en la boca a* **Lulú**, *un trozo de carne, que se traga ya sin dificultad.*) Cuando eras pequeña eras adorable.

Nena   Era lo que tú querías que fuese.

Lulú   ¿Verdad?

Nena   No existía.

         (**Nena** *ofrece más carne a* **Lulú**.)

Lulú   Eras tan preciosa.

Nena   Una muñeca.

Lulú   La hija perfecta.

Nena   Una autómata.

Lulú   ¡Todas las personas se paraban a mirarte! ¡Todos decían lo bonita que eras! ¡Todos decían...!

Nena   Una copia de ti.

Lulú   Lo mucho que nos parecíamos. (**Nena** *ofrece otra tira de carne a* **Lulú**.) Dos gotas de agua.

Nena   De agua sucia.

         (**Nena** *le tira un trozo de carne a la cara a* **Lulú**.)

Lulú   Ahora lo has estropeado todo. (*A público.*) La muy puta lo ha estropeado todo. (**Lulú** *se pone de pie.*) Recuerdo cuando íbamos al parque. (*De pronto,* **Lulú** *mueve sus manos como si sujetase hilos que obligasen a* **Nena** *a moverse, y ella se levanta de golpe.*) Paseabas a mi lado. De mi mano. Siempre de mi mano. Sin soltarme para nada. Sin soltarme nunca. Tu vida empezaba y terminaba en mi mano.

(**Nena** *avanza, movida por los hilos invisibles de* **Lulú***, con una sonrisa forzada en la boca.*)

Lulú   A veces, un hombre —un hombre guapo— se cruzaba con nosotras, y tú y yo saludábamos. (**Nena** *saluda con la mano, movida por los hilos invisibles.*) Tú eras graciosa y yo era hermosa... El hombre se paraba a hablar con nosotras... Conmigo... (**Lulú** *suelta los hilos imaginarios, y* **Nena** *cae al suelo, desmadejada.* **Lulú** *habla, fingiendo timidez.*) Buenas tardes, señor. Un placer conocerle. Claro que tomaría un refresco con usted. A la niña le encantaría acompañarnos. Es muy educada. Me he esmerado. Usted puede estar tranquilo, ella nunca mira y si mira, nunca se acuerda de nada. (*Riendo.*) ¡Es usted tan ingenioso! ¡Permítame invitarle a mi casa! Claro, la niña puede ponerse de espaldas, y mirar hacia la pared, mientras usted es tan generoso de penetrarme el coño. ¡Mi marido hace tiempo que se fue! ¡Un desgraciado! ¡Un desgraciado que no sabía qué hacer con una niña como yo! (*Limpiándose imaginarias lágrimas de la cara.*) No sabía cómo cuidar. No me cuidaba lo bastante. No me valoraba.

(**Nena** *empieza a arrastrarse hacia sus ovillos.*)

Nena   No te valoraba, porque te conocía.

Lulú   Cállate.

Nena   Igual que yo, mamá.

(*Silencio.*)

Lulú   ¿Qué me has llamado?

Nena   (*Gritando, histérica.*) ¡Mamá! ¡Te he llamado «mamá», porque eso es lo que eres! ¡Eres mi madre! ¡Mi mamá! ¡Mi odiosa, celosa y presumida mamá! Y te odio...

Lulú   (*Triunfal.*) ¡Lo sabía!

Nena   (*Abrazándose a sus ovillos.*) ¡Porque no puedo dejar de quererte! Por mucho que te odie...

Lulú   (*Triunfal de nuevo.*) ¡Lo sabía!

Nena   (*Susurrando.*) No sé cómo dejar de quererte.

(**Lulú** *avanza hacia ella y la abofetea con fuerza. La lanza lejos de los ovillos. Los coge y los destruye.* **Nena** *grita con todas sus fuerzas.*)

Lulú   Nunca —te pase lo que te pase por esa podrida cabeza tuya llena de odio y de envidia— nunca vuelvas a llamarme esa cosa horrible, esa palabra espantosa que me enreda la lengua y que me congela la saliva en la boca. Esa palabra, que me seca el coño y me arruga las tetas, que me descuelga la papada y me marca líneas en la cara, nunca, ¡nunca!, vuelvas a pronunciarla. ¡Esa palabra es pecado!

(*Silencio.*)

Nena   Mamá.

Lulú   (*Terrible.*) Nena.

Nena   (*Gritando.*) ¡Mamá!

Lulú   No te atrevas...

Nena   (*Gritando aún más.*) ¡Mamá! (**Lulú** *aúlla furiosa y se aparta de* **Nena**, *alejándose por la escena. Hace mutis.*) ¿Mamá? (**Nena** *se acerca a sus destruidos ovillos. Recoge las lanas rotas y las abraza de rodillas. Levanta la cabeza lentamente. Habla sin emoción.*) Estoy en casa de un chico. He estado en casa de muchos. Algunos me han besado y otros me han mirado y yo, ¡yo!, he sabido que querían hacerlo. Estoy en casa de un chico. Es un chico que me gusta de verdad. ¡Es tan raro que eso pase! Quiero que meta su cabeza entre mis piernas y sorba mi coño, quiero que me deje sus huellas en las tetas y en el culo, quiero que me cubra con su saliva y quiero su semen chorreando por mi cara. Quiero su sabor deslizándose por mi garganta. Quiero que me quiera. ¡Solo que me quiera! Quiero que quiera hacerme todas esas cosas horribles de las que habla mamá. Esas cosas que mamá echa tanto de menos. Quiero que quiera disfrutar de mí. Quiero que me haga daño, ¡todo el daño del mundo!, porque el amor duele. Eso dice mamá. El amor duele y el olor de los hombres solo se quita con estropajo. Pero ese chico no quiere nada malo. Quiere que me lo pase bien y que me siente en un sofá cómodo a su lado. Me coge la mano. No puede evitarlo. Mamá no me ha hablado de eso y yo no reconozco cómo debo comportarme. Estoy feliz. Me siento protegida en sus brazos. Soy feliz. Sonrío con la boca, sonrío con los ojos, sonrío con el coño... Él se da cuenta. Es feliz. Somos felices. Y oigo la voz de mamá que me dice que todo eso que está pasando es malo... Oigo esa voz en mi cabeza. Nadie más la oye. Solo yo. La oigo. La oigo pudriéndome el alma. Me taladra. Me asusta. Me hace correr. Ahora el chico no entiende. Se despide de mí. (*Se despide con la mano.*) Adiós. Adiós. Adiós... Se fue. Y ya solo queda mamá.

(**Lulú** *sale a escena, llevando una fusta.*)

Lulú   Nena.

Nena   ¿Sí, mamá?

(**Lulú** *corre hacia* **Nena** *y le da una fortísima bofetada en la cara. La tira boca abajo.* **Lulú** *se sube encima de ella y la inmoviliza el cuello con un brazo. Utiliza el otro para coger toda la lana e introducírsela en la vagina, por debajo de la falda.* **Nena** *sufre mucho y lanza gritos sordos, mientras la lana entra en su organismo. Cuando* **Lulú** *se levanta, tira de ella poniéndola de pie. Tiene toda la parte del vestido que cubre la pelvis llena de sangre, que gotea.*)

Nena	Ya no soy virgen. (**Lulú** *golpea a* **Nena** *con la fusta.*) Ya no soy una chica. (**Lulú** *golpea con la fusta a* **Nena** *en la articulación de la rodilla, y ésta cae derrumbada al suelo.*) Ya no soy una persona. (**Lulú** *golpea la otra rodilla.*) Ya no recuerdo. (**Lulú** *se pasea con la fusta por la escena.*) Ya no siento. (**Nena** *comienza a arrastrase hacia* **Lulú**.) Ya no siento compasión, ni amor, ni pena, ni cariño, ni esperanza... (**Lulú** *la mira con desprecio.*) Ya no hay nada dentro de mí.

Lulú	Ya no irás a ningún sitio. (**Lulú**, *con sumo cuidado, utilizando la fusta, levanta la cara de* **Nena** *por la barbilla. Ambas mujeres se miran un segundo.* **Lulú**, *satisfecha, sonríe con intención.* **Nena** *mira a su madre con una indecible tristeza.*) A ningún sitio lejos de mí. (**Lulú** *dobla la fusta por encima de su cabeza.*) ¿Jugamos a mamás e hijas?
	(**Lulú** *suelta la fusta, que rasga el aire.*)
Nena	Ya soy tú, mamá.
Lulú	Me alegro.
Nena	El monstruo ha nacido.
	(**Nena** *empieza a reírse y* **Lulú** *la sigue. Las dos ríen cada vez más fuerte.* **Lulú** *comienza a bailar por el escenario.* **Nena**, *con las rodillas rotas,*

la sigue, y baila, arrastrándose, detrás de **Lulú***.*
Lentamente comienza a hacerse un...)

Oscuro.

Primer intermedio.

Mientras una de las actrices coloca las cadenas que atan a **Etah**, *y otra limpia la escena de los útiles de la primera escena, una tercera actriz se adelanta a primer término. Otra de ellas, la de aspecto más infantil, se acerca a la primera y, fingiendo que agarra un pene, la masturba como si se lo estuviese haciendo a un hombre, al tiempo que canta, muy alegre: «Al pasar la barca / me dijo el barquero / las niñas bonitas / no pagan dinero / Yo no soy bonita / ni lo quiero ser / las niñas bonitas / se echan a perder / Al volver la barca / me volvió a decir / las niñas bonitas / no pagan aquí / Yo no soy bonita / ni lo quiero ser / que lo que yo quiero / es que me pasee usted». La otra actriz llega al orgasmo, y, lentamente, se hace un oscuro, que lleva a la siguiente escena.*

Oscuridad.

Tantán   (*Voz en off.*) ¿Sabes que te odio?

Etah   (*Voz en off.*) No es culpa mía.

Tantán   (*Voz en off.*) ¿Sabes que te odio? ¿Sabes que te odio por tenerme atado a ti?

Etah   (*Voz en off.*) ¡No es culpa mía!

(*La luz, blanca y limpia, se hace de golpe iluminando el escenario. En escena hay dos personas. De pie, estática, con la mirada perdida,* **Tantán**. *Se trata de un hombre de una edad indeterminada, pero cansado, contenido y con la mirada triste. Podría ser de cualquier sexo, en realidad. Viste algo parecido a un pijama de interno de institución mental. En el suelo, llevando un traje de novia raído y estropeado, atada por una cadena que le rodea todo el cuerpo, se encuentra* **Etah**. *Es una chica de veinte años. Sus ojos, grandes, fingen ser alegres, pero en el fondo de ellos hay mucha soledad y tristeza.* **Tantán** *se gira para no seguir viéndola, con los puños apretados, mientras* **Etah*** *se remueve, inquieta, entre las cadenas, que rechinan a cada gesto que hace.*

Y así continúa la acción.)

Tantán   Me obligas a hacer cosas horribles.

Etah   Las haces porque quieres.

Tantán   Las hago para que no te hagas daño.

Etah   No es culpa mía que no quieras que me haga daño. A mí me da igual que tú te hagas daño o no. Por mí puedes hacer lo que te dé la gana.

Tantán   ¿Lo que me dé la gana?

Etah   (*Subiendo el tono.*) Lo que te dé la real gana.

Tantán   Si me marcho, llorarás.

Etah   ¡Buah! ¡Mentira!

Tantán   ¡Verdad!

Etah   Yo nunca lloro.

Tantán   (*Masticando las palabras.*) Si me marcho, llorarás.

Etah   Da igual. Nunca lo vas a saber.

Tantán   Lo imaginaré.

Etah	(*Enfurruñada.*) No es lo mismo.
Tantán	Imaginaré que me voy y te veo triste, y será lo mismo.
Etah	(*Enfurruñada.*) ¡No sirve!
Tantán	¡Sí sirve! ¡Claro que sirve!
Etah	(*Enfurruñada.*) Yo nunca lloro.

(**Tantán** *se acerca a ella, rápidamente, y le pega una fortísima patada en el estómago.* **Etah** *se retuerce y llora.*)

Tantán	¿Ves como sí lloras?
Etah	Pero no porque tú te vayas.
Tantán	¡Lloras!
Etah	Porque me has pegado una patada.
Tantán	Da igual. Lloras.
Etah	¡No es lo mismo!
Tantán	¡Da igual!
Etah	(*Gritando.*) ¡No es lo mismo!
Tantán	Me obligas a hacer cosas horribles.

Etah (*Con odio.*) No es culpa mía. (**Tantán** *mira a los lados, inquieto, y, de pronto, comienza a hacer mutis.*) ¡Espera! (**Tantán** *se queda quieto.*) Vale. Lloro. (*Silencio.*) Sí, es verdad. A veces lloro.

Tantán (*Avanzando con timidez.*) ¿Y por qué lloras? (**Etah** *se encoge de hombros.*) ¿Por qué cosas lloras?

Etah Porque ya no me quieres.

Tantán Yo siempre te quiero.

Etah No, ya no.

Tantán ¡No digas mentiras!

Etah ¡Yo nunca miento!

Tantán La gente que dice que nunca miente es la que más miente.

Etah ¡No es mi culpa!

Tantán Nada es tu culpa.

Etah ¡No es culpa mía lo que hagan los demás!

Tantán (*Susurrando.*) Tú eres los demás.

Etah (*Temblando.*) Me dan miedo los demás.

(**Tantán** *avanza, rápido, salvaje, hacia ella y la coge del pelo para mirarla a la cara.*)

Tantán	Tú eres los demás. (*Gritando.*) ¡Tú me das miedo!
Etah	¿Porque ya no me quieres?
Tantán	¡Pánico!
Etah	(*Gritando.*) ¿O porque me quieres?
Tantán	(*Apartándose con brusquedad.*) Odio tenerte miedo.
Etah	Tienes miedo de quererme. Eres un cobarde, Tantán.
Tantán	Deja de decir eso.
Etah	¿Por qué?
Tantán	Porque es mentira.
Etah	No lo es. Te dan miedo mis cicatrices. Por eso ya no me quieres.
Tantán	Yo te quiero con tus cicatrices. Yo te quiero entera. Te quiero con cicatrices y sin ellas. Lo malo es que tú solo quieres que te quiera por tus cicatrices. Y, a veces, cansa.
Etah	Mis cicatrices son lo único que hay.
Tantán	Tus cicatrices son lo único que no te da miedo mostrar.

Etah   ¡Mentira!

Tantán   Presumes de tus cicatrices. Presumes todo el
             rato.

             (**Tantán** *se aleja aún más.*)

Etah   (*Susurrando.*) Estoy muerta.

Tantán   (*Girándose hacia ella.*) ¡Menuda novedad!

Etah   (*Gritando.*) ¡Estoy muerta!

Tantán   (*Gritando.*) ¡Menuda novedad!

             (*Enfadado,* **Tantán** *inicia el mutis.*)

Etah   Dame un beso.

Tantán   (*Deteniéndose.*) No quiero.

Etah   Sí quieres.

Tantán   ¡No quiero!

Etah   Vale, no lo hagas.

Tantán   (*Acercándose, solícito.*) Bueno, vale, sí quiero...

Etah   (*Apartando la cara.*) Es tarde.

Tantán   Contigo siempre es tarde.

Etah	¡Es tarde! Te has quedado sin beso. Chincha. (*Silencio.*) No es culpa mía que las cosas sean así.
Tantán	Da igual. (*Silencio. Se miran.* **Tantán** *pierde interés. Va a irse de nuevo. De pronto,* **Etah** *se gira, inquieta, haciendo crujir las cadenas.*) ¿Te molestan?
Etah	¿Las cadenas?
Tantán	¿Te molestan las cadenas?
Etah	Mucho.
Tantán	¿Te hacen daño?
Etah	¡Mucho! ¡Mucho daño!
Tantán	¿Quieres que te las quite?
Etah	No me dejan moverme.
Tantán	¿Quieres que te quite las cadenas?
Etah	(*Lanzando un gemido.*) ¡No me dejan respirar!
Tantán	(*Nervioso.*) Esas cadenas...
Etah	¡Me ahogan!
Tantán	¿Quieres que te quite esas cadenas?

Etah	¡Me asfixian!
Tantán	(*Subiendo el tono.*) ¿Quieres...? ¿Tú quieres que te las quite?
Etah	(*Retorciéndose.*) Me hacen heridas.
Tantán	(*Agobiado.*) Te las puedo quitar.
Etah	(*Retorciéndose aún más.*) ¡Me llenan el cuerpo de heridas!
Tantán	(*Casi gritando.*) ¡Sé cómo quitártelas!

(**Etah** *gira sobre sí misma.*)

Etah	(*Gimiendo de dolor.*) ¡Me llenan el alma de cicatrices ulceradas, llenas de pus y de insectos! (*Susurrando.*) Y los insectos, los insectos que viven en mis heridas, se me están comiendo el corazón.
Tantán	(*Gritando.*) ¡Te las puedo quitar! ¡Yo te las puedo quitar!
Etah	(*Susurrando.*) ¡Me duele tanto!
Tantán	(*Gritando.*) ¡Deja que te las quite, Etah! ¡Déjame quitártelas!
Etah	(*Seca, quieta de pronto.*) No.
Tantán	¿No?

Etah	(*Con el llanto contenido.*) No quiero.
Tantán	¡Estás llorando! Las cadenas te hacen llorar.
Etah	Yo nunca lloro.
Tantán	¡Mentira!
Etah	¡Yo nunca miento!
Tantán	(*Gritando, agónico.*) ¡Mentira!
	(**Tantán** *se aparta y la mira desde la otra punta del escenario.*)
Etah	(*Sin voz.*) ¿Por qué quieres quitarme las cadenas, Tantán?
	(*Silencio.*)
Tantán	Por ti.
Etah	Nadie hace nada por mí.
Tantán	Tú no haces nada por nadie.
Etah	¡Yo lo hago todo por todos!
Tantán	¡Nada, no haces nada!
Etah	Me han enseñado, ¡me han enseñado a mí!, que nadie hace nada por nadie. ¡Me lo explicaron! ¡Me lo han explicado! Y yo, aun así, lo hago

todo por todos. ¡Soy muy generosa, Tantán! (*Silencio.*) ¡Quiero que todos seáis felices!

Tantán   ¿Todos?

Etah   ¡Quiero que tú seas feliz!

Tantán   ¿Yo?

Etah   Lo quiero.

Tantán   Quieres que todos te dejemos en paz. Para estar sola con tus cicatrices. Para que nadie te quiera quitar las cadenas.

Etah   ¡Yo no quiero estas cadenas!

Tantán   Claro que las quieres.

Etah   ¡No son mías!

Tantán   Claro que son tuyas.

Etah   ¡No seas malo conmigo!

Tantán   Si no las quieres...

Etah   (*Autoritaria.*) No te atrevas a...

Tantán   ...quítatelas...

Etah   (*Igualmente autoritaria.*) ...ser malo conmigo.

(**Tantán** *duda y se gira. Después vuelve a mirarla fijamente.*)

Tantán   Si no las quieres...

Etah   (*Aullando.*) ¡No!

Tantán   Quítatelas.

Etah   (*Aullando.*) ¡No!

Tantán   (*Gritando.*) Si no las quieres, quítatelas. ¡Quítatelas de una vez!

Etah   (*Llorando.*) No puedo. Son mías. (*Golpeándose el pecho.*) ¡Soy yo!

Tantán   Antes has dicho que no son tuyas.

Etah   «Antes» no importa.

Tantán   Dices una cosa y luego haces otra.

Etah   (*Agresiva.*) ¡Hago lo que puedo!

Tantán   Das asco.

Etah   ¿Asco? (**Tantán** *se sienta aparte, con la cabeza entre las manos.* **Etah** *le sigue con la mirada, pero llega un momento en el que no puede girar más el cuerpo a causa de las cadenas. Se esfuerza por girar. No puede. Se da por vencida. Muy bajito.*) ¿Por qué?

Tantán	(*Levantando la cabeza.*) ¿Por qué?
Etah	¿Por qué quieres quitarme las cadenas?
Tantán	Ya te lo he dicho. Por ti.
Etah	(*Sonriendo.*) ¿Por qué más?
Tantán	Porque te quiero.
Etah	¿Ya no te da miedo quererme?
Tantán	A mí nunca me ha dado miedo quererte.
Etah	(*Riendo.*) ¿Por qué más?
Tantán	(*Riendo, también.*) Porque me gustas más sin ellas.
Etah	Vale.
Tantán	¿Vale?
Etah	Vale. (*Silencio.*) Pero solo un poco.
Tantán	¿Un poco?
Etah	Un poco pequeño. Un poco de los que casi no se ven.

(**Tantán** *se levanta y avanza hacia ella, con cierta reverencia, con cierta ceremonia. Da un paso tras otro, pero muy despacio.*)

Etah	Solo un poco, por favor. Solo un poco muy pequeño.
Tantán	Solo un poco.
Etah	¿Me lo prometes?
Tantán	Te lo prometo. (*De pronto, un cenital ilumina a una* **Figura** *en sombras que mira hacia ellos. Se trata de una mujer adulta, de rostro severo. Su vientre está descolgado, como si acabase de superar un embarazo. Es alta y terrible.* **Etah** *la ve.* **Etah** *tiembla. La* **Figura** *levanta un dedo acusador y señala a* **Etah***. La* **Figura** *comienza a gritar. Un grito sordo y horrible.* **Etah** *empieza a gritar a su vez, mientras se retuerce entre las cadenas, que rechinan.*) ¿Qué pasa? (*Los gritos suben de intensidad.*) ¿Qué está pasando? (*Los gritos suben aún más de intensidad.*) ¿Qué es lo que está pasando? (*El cuerpo de* **Etah** *comienza a sangrar, mientras se retuerce atada por las cadenas, y los gritos se hacen insoportables.* **Tantán** *se tapa los oídos y se aleja unos pasos. Según se aleja, la* **Figura** *baja el dedo y los gritos cesan.* **Etah** *jadea, cansada y asustada. La* **Figura** *se mantiene de pie, observando, hierática.* **Tantán** *habla con timidez.*) ¿Qué ha pasado?
Etah	¿No lo has visto?
Tantán	Has gritado.
Etah	¿Quién ha gritado?

Tantán   Tú has gritado.

Etah   (*Asustada.*) ¿No lo has visto?

Tantán   Te he visto gritar.

Etah   ¿Cómo has podido no verlo?

Tantán   ¿Qué no he visto?

Etah   (*Llorando.*) ¿Cómo has podido no verlo?

Tantán   (*Aturdido, comprendiendo.*) Nunca te vas a quitar las cadenas.

Etah   (*Desesperada.*) ¡Has tenido que verla! ¡Es imposible que no la hayas visto! ¡Me estás engañando! ¡Has tenido que verla!

Tantán   (*Brusco, agresivo.*) Nunca te vas a quitar las cadenas.

Etah   (*Casi sin voz.*) ¡Son un regalo!

Tantán   ¿Un regalo?

Etah   Las cadenas son un regalo.

Tantán   ¿De quién?

(**Etah** *mira a la* **Figura** *y tiembla.* **Tantán** *la coge por los hombros y la sacude, brusca.*)

Tantán	Un regalo, ¿de quién, Etah?
Etah	Un regalo. Nada más.
Tantán	Un regalo que no has pedido.
Etah	Un regalo que he aceptado.
Tantán	Aceptas muchas cosas.
Etah	¡No es verdad!
Tantán	¡Aceptas muchas cosas!
Etah	¡Yo no acepto nada! (*Susurrando.*) ¡Yo no lloro! ¡Yo no miento! ¡Yo no acepto nada! ¡Yo no lloro! ¡Yo no miento! ¡Yo no acepto nada! ¡Yo no lloro! ¡Yo no miento! ¡Yo no acepto nada!
Tantán	Para.
Etah	(*Cada vez más rápido.*) ¡Yo no lloro! ¡Yo no miento! ¡Yo no acepto nada! ¡Yo no lloro! ¡Yo no miento!
Tantán	¡Para!
Etah	(*Mucho más rápido.*) ¡Yo no acepto nada! ¡Yo no lloro! ¡Yo no miento! ¡Yo no acepto nada! ¡Yo no lloro! ¡Yo no miento! ¡Yo no acepto nada! ¡Yo no lloro! ¡Yo no miento! ¡Yo no acepto nada!

(**Tantán** *se acerca y la pega con fuerza en la cara.*)

Tantán   ¡He dicho que pares!

Etah   He parado.

Tantán   Da igual. Luego vuelves a empezar.

Etah   Pero ahora he parado.

(**Tantán** *se estruja las manos.*)

Tantán   (*Masticando las sílabas.*) Pero luego —cuando llega luego— vuelves a empezar y el esfuerzo no sirve para nada.

Etah   ¡He parado! ¡He parado cuando lo has dicho! ¡Cuando tú has querido!

Tantán   ¡Mentira!

Etah   (*Susurrando.*) Yo no miento.

Tantán   Tú no sabes hacer otra cosa que mentir.

Etah   Quítamelas.

Tantán   Siempre me mientes.

Etah   Quítamelas. Las cadenas, quítamelas.

Tantán   Me has engañado desde el principio.

(*La* **Figura** *se tensa, alerta.*)

Etah   Quítamelas.

Tantán   Me engañas. Me decepcionas. Me arrasas.

Etah   (*Sombría y siniestra.*) Quítame las cadenas.

Tantán   ¿Por qué me has arrasado?

Etah   (*Sin emoción.*) Porque no me cuesta nada.

Tantán   ¿Nada?

Etah   (*Encogiéndose de hombros.*) No me ha costado nada. Nunca me cuesta nada. Lo hago casi sin darme cuenta. ¡Es muy fácil! Se ha convertido en una costumbre. Una costumbre fea, pero una costumbre. (*Silencio.*) Tantán, quítame las cadenas, por favor. Si no me las quitas, los insectos que viven en ellas se me comerán entera y no quedará nada de mí para ti. ¿Quieres que desaparezca, Tantán? ¿Quieres que desaparezca para siempre? ¿No me echarías de menos? (**Tantán** *duda. Hace ademán de avanzar, y la* **Figura***, que empieza a iluminarse, vuelve a señalar a* **Etah** *con el dedo.* **Etah** *niega con la cabeza y comienza a temblar. Susurrando.*) No, por favor.

Tantán   ¿Qué estás diciendo?

Etah   (*Muy nerviosa.*) ¡No, por favor! ¡No, no, no!

Tantán   ¿No quieres que te las quite?

(**Tantán** *da un paso hacia ella y la* **Figura** *también.*)

Etah ¡No te acerques!

(**Etah** *intenta arrastrarse lejos de la* **Figura**.)

Tantán ¡Yo no te he hecho nada!

Etah (*Gritando.*) ¡No te acerques a mí!

(**Tantán** *retrocede y la* **Figura** *vuelve a la oscuridad.* **Etah** *se retuerce, incómoda. Hay un silencio.*)

Tantán No sé qué hacer contigo.

Etah No hagas nada.

Tantán ¿Nada?

Etah Bueno, sí, haz algo. Haz cosas bonitas.

Tantán Ya no sé lo que son las cosas bonitas. Tú lo has estropeado todo.

(*Silencio.*)

Etah Nada de esto... (*Silencio.*) Nada de esto es culpa tuya.

Tantán ¿Cómo lo sabes?

Etah	Lo sé. (*Silencio.*) Te juro que lo sé.
Tantán	No entiendo lo que dices.
Etah	Uso las mismas palabras que tú. Tienes que entenderme.
Tantán	Tus palabras hacen daño.
Etah	¡No es culpa mía! Son los insectos... Los insectos que viven en mis cicatrices, que se arrastran por debajo de mi piel, y contaminan mis palabras. ¡Ellos tienen la culpa! No puedes castigarme a mí por ellos.
Tantán	Yo odio los insectos.
Etah	¿Odias las cosas pequeñas?
Tantán	Odio las cosas que se esconden.
Etah	Me odias a mí.
Tantán	Yo no he dicho eso.
Etah	(*Muy dolida.*) ¡Me odias a mí!
Tantán	Quiero quitarte las cadenas.
Etah	Se han pegado a mi piel. Si tiras... sangraré. (**Tantán** *se encoge de hombros e inicia el mutis.* **Etah**, *histérica.*) ¿Dónde vas?

Tantán	Me marcho.
Etah	¿A dónde?
Tantán	Da igual.
Etah	¿Cuánto vas a tardar en volver?
Tantán	No voy a volver.
Etah	(*Riendo.*) Tú siempre vuelves.
Tantán	Esta vez, no. Esta vez es para siempre.
Etah	Nada dura para siempre, Tantán. No intentes engañarme. (**Tantán** *corre y se esconde entre el público.* **Etah**, *susurrando.*) ¿Tantán? (*Silencio.*) ¿Tantán? (*Silencio.* **Etah** *le llama gritando.*) ¡Tantán! (*La respiración de* **Etah** *se acelera. Gritando, crispada.*) ¡Tantán! ¡Tantán! ¡Tantán! (*Comienza a llorar. Gritando.*) ¡Tantán, no me dejes sola! ¡No me abandones, Tantán! ¡Si vuelves, te dejaré abrir mis cadenas! ¡Te dejaré! ¡Te lo juro! (*Agónica.*) ¡Tantán! ¡Tantán! ¡Te lo suplico, Tantán, vuelve! ¡No me dejes sola! ¡No me dejes sola con los insectos! (*Aterrada.*) ¡Si me dejas sola con los insectos, se me van a comer!

(*Muy despacio,* **Tantán** *sale de su escondite.*)

Tantán	No hace falta que llores. No me había ido lejos.

(**Etah** *ríe.*)

Etah	¿Ves?
Tantán	¿El qué?
Etah	Siempre vuelves.
Tantán	Porque te quiero.
Etah	Porque eres débil.
Tantán	Porque eres pequeña.
Etah	Porque eres débil.
Tantán	Porque estás asustada.
Etah	(*Seca y dura.*) Porque eres débil.
Tantán	Voy a quitarte las cadenas. (**Etah** *niega con la cabeza, muy asustada.*) Lo voy a hacer.
Etah	Si me las quitas, me moriré.
Tantán	Tú no sabes —tú no conoces— el truco para morirte. Tú solo sabes sobrevivir. No sabrías cómo empezar a morirte.
Etah	(*Furiosa.*) ¡Sí sé morirme!
Tantán	Entonces, muérete.

(**Tantán** *avanza hacia ella y le da la vuelta de golpe.* **Etah** *grita con todas sus fuerzas, muerta de* *pánico. De pronto, mientras* **Tantán** *manipula las cadenas, buscando el cierre, la* **Figura** *se ilumina y empieza a gritar con fuerza, sin dejar de señalar a* **Etah** *con el dedo.*)

Etah   (*Aullando.*) ¡No puedo! Para. ¡Déjame! ¡No lo hagas! ¡No me toques! ¡No me toques! ¡Se van a escapar los insectos! ¡Se van a escapar! ¡Lo van a poner todo perdido! ¡Déjame! ¡No me toques! ¡No toques mi piel! ¡No la toques! ¡Para! ¡Me ahogo! ¡Me muero! (*Seca, de golpe, sin emoción.*) Tantán, me estás matando. (*De pronto,* **Tantán** *tira con fuerza y las cadenas se rompen.* **Etah** *rueda, alejándose de ellas. Queda en el suelo, exhausta y demolida. La* **Figura** *sigue señalándola, pero en completo silencio.* **Tantán** *se aleja de ella y se sienta con la espalda pegada al foro. Esconde la cabeza entre las manos.*) Las has roto. ¡Has roto las cadenas! ¡Las cadenas que me regalaron hace tanto tiempo!

Tantán   (*Sin levantar la cabeza.*) Lo siento.

Etah   (*Aliviada.*) No se oye nada. (**Tantán** *levanta la cabeza y la mira.* **Etah** *sonríe.*) ¡No se oye nada!

Tantán   ¿Etah?

Etah   (*Riendo.*) ¡No se oye nada!

Tantán   No hay nada que oír.

Etah	(*Riendo.*) ¡Se ha callado! ¡Por fin se ha callado! ¡Se ha callado! ¡Tú has hecho que se calle, Tantán! (*Silencio.*) Tantán...
Tantán	¿Qué?
Etah	Debes de quererme mucho.
Tantán	(*Encogiéndose de hombros y escondiendo la cara.*) No tiene mérito.

(**Etah** *se levanta y echa a correr hacia él. Se sube en su regazo. Lo abraza con fuerza.* **Tantán** *intenta besarla, pero ella se aparta.*)

Etah	Mis besos saben mal.
Tantán	Tus besos saben a violeta.
Etah	Mis besos saben muy mal.

(**Etah**, *muy sonriente, con los ojos chisporroteantes, lo abraza con más fuerza, riéndose.*)

Tantán	Tus besos —y tus abrazos— me salvan.
Etah	(*Riendo.*) ¿Yo te salvo?
Tantán	(*Riendo.*) Tú me salvas.
Etah	(*Riendo.*) No.
Tantán	(*Riendo.*) Claro que sí. Tú me salvas.

Etah	¿Te salvo?
Tantán	¡Me salvas!
Etah	¡Tú me has salvado! Me has salvado de los insectos que están en las cadenas y que se filtran en mis heridas para infectarlas, para pudrirlas.

(**Etah** *mira las cadenas con temor.* **Tantán** —*orgulloso, feliz— se levanta rápido y corre hasta donde están las cadenas. Las pisa, las golpea, las destruye, las vence... Mientras tanto, la* **Figura** *se ha acercado a* **Etah** *y le susurra algo al oído. Según va escuchando las palabras de la* **Figura**, *a* **Etah** *empiezan a caérsele las lágrimas.*)

Tantán	(*Exultante.*) ¡Mírame, Etah! ¡Mírame! ¡Mira cómo las rompo! ¡Mira cómo las destruyo! (**Tantán** *ve la cara llena de lágrimas de* **Etah** *y corre junto a ella. La abraza, pero la* **Figura** *continúa susurrándole al oído.*) ¿Qué pasa? ¿Qué pasa, Etah?
Etah	(*Muerta de pánico.*) Tantán, nos hemos equivocado. ¡Nos hemos equivocado, Tantán! (*Susurrando.*) Los insectos están en mis oídos. ¡No en las cadenas! ¡En mis oídos!

(**Etah** *se aleja de* **Tantán**, *dándole un empujón y se retuerce por el suelo, gritando como un animal. De pronto, se detiene de golpe, y se queda de rodillas en el suelo, jadeando. La* **Figura** *acaricia la cabeza de* **Etah** *con cariño y ternura.*)

Tantán	(*Con miedo.*) ¿Etah?
Etah	Tantán, sácate los ojos.
Tantán	¿Seguro?
Etah	(*Dura y seca.*) ¡Sácatelos!

(**Tantán** *se saca el ojo derecho. Grita con todas sus fuerzas.* **Etah** *se tapa los oídos con ambas manos.* **Tantán** *respira con dificultad. Necesita reunir valor para hacerlo de nuevo. Lo reúne. Se saca el otro ojo. Grita de nuevo.* **Etah** *se encoge sobre sí misma.* **Tantán** *cae de rodillas por el dolor. Respira con mayor dificultad.*)

Tantán	¿Etah? (*Silencio.*) Lo he hecho, Etah. ¡Lo he hecho! ¿Lo has visto?
Etah	Sí, Tantán. Lo he visto.
Tantán	Y ahora, ¿qué? (*La* **Figura** *vuelve a susurrar en el oído de* **Etah**. *Ella llora.*) ¿Estás llorando, Etah? ¿Estás llorando? ¡No puedo verte! Ya no puedo verte. No sé si lloras o te ríes. No sé dónde estás. ¡No te veo!
Etah	Estoy aquí, Tantán.
Tantán	¿Dónde?
Etah	Cerca.

(**Tantán** *intenta encontrarla, palpando el suelo con sus manos.*)

Tantán   Ya no te veo. ¡Ya no puedo encontrarte!

Etah   Tantán.

Tantán   ¿Qué, Etah?

Etah   Rómpete los dedos. Rómpete todos los dedos.

Tantán   ¿Seguro?

Etah   ¡Rómpelos!

(**Tantán** *comienza a romperse los dedos de una mano. Uno a uno. Por cada dedo roto,* **Tantán** *lanza un grito, y* **Etah** *se encoge cada vez más sobre sí misma. Cuando termina con una mano,* **Tantán** *intenta romperse los de la otra, pero es incapaz. Las articulaciones rotas no le permiten hacer fuerza.*)

Tantán   ¡No puedo!

Etah   ¿No puedes?

Tantán   ¡No consigo destruir los dedos de mi otra mano!

Etah   (*Riendo con tristeza.*) Eres un inútil, Tantán.

Tantán   Antes no lo era.

Etah   Yo nunca pienso en «antes».

Tantán   Ya.

Etah   Utiliza tus pies. Ponlos debajo del pie dejando el talón sobre la mano...

(**Tantán** *obedece.*)

Tantán   ¿Así?

Etah   No. Utiliza el talón como palanca para romper la articulación.

Tantán   Ah, vale. ¡Qué lista eres!

Etah   ¿Verdad? (**Tantán** *lo hace. Coloca la mano debajo del talón, pero con las articulaciones de los dedos al borde. Tira de la mano y algunos dedos se rompen con un crujido seco. Cae al suelo, destrozado y jadeante. Gime en silencio, mientras aprieta las manos rotas contra el pecho.*) ¡Muy bien, Tantán! ¡Lo has hecho muy bien!

Tantán   (*Con furia.*) ¿Y ahora? ¿Y ahora qué quieres que haga, Etah?

Etah   (*Encogiéndose de hombros.*) Nada.

Tantán   ¿Nada?

Etah   Nada. (**Etah** *se levanta muy despacio y avanza hacia el centro en actitud de cuentacuentos infantil.*)

Queridos niños: Historia de Etah después de haber demolido a Tantán. (*Sin ninguna emoción*.) Etah sigue su camino. Etah sigue sobreviviendo. Ya no vive, pero sobrevive. Etah hace un agujero muy profundo en el suelo y echa toda la tierra que encuentra encima. Desde allí, Etah ve pasar a las personas. Le gusta mirar. Mira sus expresiones, mira sus historias, mira sus movimientos... Es una espectadora. Nada le llega, porque está escondida, y nada le hace daño... (*sonriendo con picardía*) porque está escondida. Muy bien escondida. Se encuentra con muchos hombres. Los hombres tocan la piel de Etah. Su piel es de cuero. Muchos hombres abren las piernas de Etah y se follan a Etah. Cuantos más lo hacen, más se acostumbra a que se la follen. La ven desnuda. Todos quieren verla desnuda. Los besos y las palabras bonitas desaparecen de la sobre-vida de Etah. Para Etah ya solo hay oscuridad y recuerdos perversos. Etah sigue sobreviviendo. Lo hace cada vez mejor. No siente nada. Nunca. Es una despiadada y consentida depredadora. La figura que grita está orgullosa. La figura que grita y que la sacó de su vientre podrido está muy orgullosa. Se parecen. Etah es perfecta, como la figura que grita y pare, quiere. Aun así, hay momentos, entre el semen de uno y la ignorancia de otro, en los que recuerda vagamente que una vez hubo un hombre que se llamaba Tantán y que se volvió loco. A Etah no le importaba. A Etah no le importa. A Etah no le va a importar. Etah ya nunca sale de su agujero. Solo observa. Nunca recuerda. Un día los insectos que viven en su corazón... se la comen. No dejan nada de Etah. No había nada que dejar. (*Susurrando.*) Etah ya solo es un mal sueño.

(**Etah** *se acerca a* **Tantán** *y le acaricia con muchísima ternura y con gran amor. Él primero se aparta del contacto, pero cuando la reconoce, coge la mano e intenta apretarla con fuerza. Ahoga un grito de dolor.*)

Tantán   ¿Etah?

Etah   Lo último que yo quiero es hacerte daño.

Tantán   Tú solo me haces daño.

Etah   Es lo último que quiero hacer.

Tantán   Me has arrasado.

Etah   Pero lo he hecho con buena intención.

(**Etah** *levanta el pie por encima de la cabeza de* **Tantán** *y lanza el pie para destruírsela. Se hace un...*)

Oscuro.

Segundo intermedio.

> *Mientras el resto de la compañía prepara la siguiente escena, vuelven al escenario **Lulú**, con su fusta, y **Nena**, arrastrándose por el suelo, ya incapaz de mover sus piernas. Ambas realizan una subasta de azotes, utilizando cada movimiento fortuito del público como una puja. Al llegar a cincuenta, **Lulú** le pide a **Nena** que se prepare. Ella abre la piernas, tiembla y **Lulú** lanza la fusta. Se hace un oscuro, que se rompe por el grito de **Lulú**, dando paso a la siguiente y última escena.*

Oscuridad.

Cuchicheos femeninos e infantiles. Risas. Risas inocentes. Movimientos rápidos. Algo se está moviendo. Algo repta en la oscuridad.

La luz comienza a hacerse lentamente. En escena, presidiéndola, hay una enorme silla de metal reluciente con cierto aire de trono. Sentado en la silla se encuentra **AZ**. *Se trata de un ser muy joven, con un deje andrógino, que mira hacia la inmensidad. Sus ojos son fríos y ausentes. Viste un taparrabos blanco y un sujetador.* **AZ** *tiene un aire sagrado, hierático, y todo lo observa —y lo juzga— desde el ritual religioso. No es de este mundo, y, por eso, es terrible. Da miedo. Cerca de* **AZ**, *escondidas, agazapadas, mirándole con deseo y desprecio, retorciéndose por el suelo, están* **Oráh** *y* **Ceh**. *Son dos mujeres muy jóvenes de ademanes infantiles.* **Oráh** *es hermosa y distante. Cuando camina, se desliza. Es venenosa. Sutil.* **Ceh** *es nerviosa e inocente. Agresiva y salvaje, pero vulnerable. Imprevisible. Las dos se complementan. Ambas juegan con una navaja de barbero. Alejada de ellas,* **Rion**, *una chica pequeña y asustada, se retuerce las manos, sin dejar de rascarse, mientras les observa a todos con miradas rápidas y fugaces.*

*Enfrentada a **Rion**, está **La muerta**. Se trata de una figura inerte y podrida cubierta por un sayo, que descansa en el suelo con las manos cruzadas.*

*De pronto, **Ceh** le tiende la navaja a **Oráh**, que retrocede asustada, y así comienza la acción.*

Ceh   Te toca. (***Oráh** niega muy rápido con la cabeza, mientras sigue apartándose de la navaja extendida.*) ¡Te toca, Oráh!

Oráh   ¿Quién lo dice?

Ceh   Lo digo yo.

Oráh   ¡Bua! ¡Tú!

Ceh   ¡Yo! ¡Oráh, lo digo yo! ¡Y ya es bastante! (***Ceh** le pone la navaja en la mano a **Oráh**.*) Te estoy diciendo que te toca.

Oráh   No. Te toca a ti.

Ceh   (*Sinceramente sorprendida.*) ¿Seguro?

Oráh   Yo ya lo he hecho.

Ceh   ¿Cuántas veces?

Oráh   ¡Más que tú!

Ceh   (*Agresiva.*) ¿Cuántas? ¿Cuántas? ¿Cuántas veces más que yo?

Oráh   (*Al azar.*) ¡Ocho!

Ceh   ¿Ocho?

Oráh   ¡Ocho!

Ceh   ¡Eso son un montón!

Oráh   (*Satisfecha.*) Eso son ocho.

Ceh   (*Sin salir de su asombro.*) ¿Ocho?

Oráh   (*Fría.*) ¡Te toca!

Ceh   Yo no me habría atrevido. Nunca me habría atre-
vido a tanto. ¡Ocho! ¡Cuántas! Nunca hubiese
sido capaz. ¿Ocho? ¿Seguidas? Yo no habría po-
dido hacerlo ocho veces. No habría podido, Oráh.
No habría sido capaz. A lo mejor cinco, sí, pero,
¿ocho? ¡Ocho! ¡Nunca!

(**Oráh** *se acerca, decidida, y le da una fortísima
bofetada a* **Ceh**, *que se agarra la cara, cogiendo
aire con fuerza por la impresión del golpe. Jadea,
asustada.*)

Oráh   (*Fría.*) Te toca a ti.

Ceh   Vale.

Oráh   Vale.

Ceh   Lo he entendido.

Oráh   Pues hazlo de una vez, Ceh.

(**Ceh** *coge la navaja y corre hasta* **AZ**. *Le mira dos segundos y le corta con la navaja en la pierna con mucho cuidado de no quedar a su alcance.* **AZ** *la mira con una mezcla de dolor y sorpresa, mientras tuerce levemente el gesto.*)

Rion   (*Histérica, revolviéndose.*) ¿Qué hacéis? ¿Qué creéis que estáis haciendo? (**Rion** *se levanta, autoritaria.*) ¿Qué estáis haciendo, brujas asquerosas? ¡¿Qué se supone que estáis haciendo?!

Ceh   (*Risueña.*) Nada.

Oráh   (*Fría.*) Nada.

Rion   (*Desaforada, furiosa, completamente descontrolada.*) No os acerquéis a él. ¡No os atreváis! (*Señalando a* **AZ**.) Él es sagrado. ¡Sagrado! ¿Lo entendéis? ¡Sagrado! ¡No os acerquéis! ¡No se os ocurra acercaros! ¡Sagrado! ¡Sagrado! ¡Sagrado!

Ceh   Ay, ¡sagrado! ¡Qué cosas dices, Rion!

Rion   ¡Sagrado! ¡No os acerquéis! ¡No os atreváis a acercaros! ¡Sagrado! ¡Sagrado! ¡Sagrado! (**Ceh** *estalla en risas.* **Oráh** *se contagia y ríe también.* **Ceh** *cae al suelo sin poder dejar de reír.* **Rion** *las observa con asco. Avanza hacia ellas y se planta delante de* **Ceh**.) ¿Qué hacéis? ¿Por qué os reís? ¿Por qué siempre os estáis riendo como dos imbéciles?

Ceh	(*Sin dejar de reír.*) ¿Jugar?
Rion	¿Jugar?
Ceh	(*Mirando a* **Oráh**.) Jugar, ¿verdad, Oráh?
Oráh	Sí, Ceh. (*Encogiéndose de hombros.*) Solo estamos jugando.
Rion	(*Con desprecio.*) ¡Jugando!
Oráh	(*Con decisión.*) ¡Jugando!
Rion	Vosotras siempre estáis jugando. Sois dos putas de mierda que siempre están jugando a cosas que no entienden. A cosas con las que no se debería jugar. ¡A cosas con las que las putas que quieren seguir vivas no deberían jugar!
Ceh	(*Dejando de reír de golpe.*) ¿Eso es malo?
Rion	Eso es muy malo, Ceh.
Ceh	¿Nos dices cosas malas, Rion?
Rion	Os digo la verdad.
	(**Rion** *se retira y mira a* **Ceh** *de reojo.*)
Ceh	Oráh, ¿por qué nos dice cosas malas Rion?
Oráh	Porque Rion tiene envidia.

Rion	¡Yo no tengo envidia!
Oráh	Es lo único que tú tienes: envidia.
Rion	No sé lo que es la envidia.
Oráh	¡Todos tus días son envidia!
Rion	¡Mentirosa! ¡Puta mentirosa!

(**Oráh** *se encara con* **Rion**.)

Oráh   Como a ti siempre, ¡siempre!, te ensucian, luego nos llamas «putas» a nosotras para desquitarte. Y te enfadas porque por mucho que nos lo llames, la que está sucia eres tú. No te gusta estar sucia e intentas que todas estemos tan manchadas como tú. (*Silencio.*) Es por eso, Ceh. Por nada más. Es una envidiosa a la que no le gusta estar sucia.

Ceh   ¡Qué pena!

Oráh   A mí no me da pena. Se merece todo lo que le pasa.

(**Rion** *lanza un grito y le da una fortísima bofetada a* **Oráh**, *que cae al suelo. Con paso decidido,* **Rion** *camina hasta* **Ceh** *y se pone delante de ella con la mano extendida, exigiéndole la navaja.*)

Rion   Dame eso.

Ceh	¿El qué?
Rion	El juguete.
Ceh	¡Es nuestro!
Rion	¡Dámelo!
Ceh	(*Escondiendo la navaja tras de sí.*) No hacemos nada malo.
Rion	Le estáis molestando.
Ceh	No molestamos a nadie.
Rion	¡Le molestáis! ¡Y no tenéis derecho! ¡Vosotras estáis para servirle, para protegerle y para hacerle feliz! ¡Sois su orgullo y su alegría! ¡No podéis molestarle cortando su carne sagrada! ¡No podéis!
Oráh	Es lo que él quiere.
Rion	¡Mentira!
Oráh	Siempre con lo de «mentira». ¡Qué pesada!
Ceh	Nos lo ha dicho, Rion. Es verdad.
Rion	¡Mentira!
Oráh	¿Ves?

Ceh	No se lo cree.
Oráh	Se cree todo lo que dice él y de nosotras nunca se cree nada.
Ceh	¡Menudo rollo!
Rion	(*Terrible.*) ¡Mentira! ¡Él nunca habla con vosotras! ¡Nunca! ¡Él no se comunica! ¡Con nadie! ¡No se comunica con nadie! ¡Y con vosotras menos que con nadie! ¡Su interior es demasiado sagrado como para volcarlo en dos putas con los coños cerrados por el egoísmo y con las bocas abiertas por la suciedad del pecado! ¡Asquerosas! ¡Putas, cerdas, asquerosas!

(**Ceh** y **Oráh** *se agazapan lejos de* **Rion**.)

Ceh	¡Qué cosas nos dice, Oráh!
Oráh	Déjala.
Ceh	¡Es que nos dice cosas feísimas!
Rion	Él no quiere hablar con vosotras porque le dais asco. ¡Asco! ¿Lo entendéis?
Oráh	No hacemos nada malo.
Ceh	Pregúntale a él.
Oráh	¡Nada malo!

Ceh	Pregúntale.

(**Rion** *se aparta algunos pasos, triste y cansada.*)

Rion	Él nunca habla. Ya lo sabéis. No seáis crueles. No me digáis más mentiras.
Oráh	No es culpa nuestra.
Rion	(*Girándose, brusca.*) Ni mía.
Ceh	(*Asustada.*) Nos está mirando.
Rion	Puede mirarnos lo que quiera. ¿Oís? Lo que quiera. No os quejéis.
Ceh	Pero no así.
Rion	¡Como quiera! ¡Él puede mirarnos como quiera! ¡Somos suyas! ¡Él nos ha creado con su líquido salado y nos ha gestado en su vientre blando y suave de color rosa! ¡Nuestro oxígeno fue primero suyo! ¡Lo puede todo con nosotras! ¡Somos suyas! ¡De su propiedad! ¡Somos de su propiedad! Y puede hacer lo que quiera. Es su derecho. Y vosotras sois pérfidas.
Ceh	¿Pérfidas?
Rion	Pérfidas por negárselo. (**Oráh** *y* **Ceh** *se abrazan, asustadas.* **Ceh**, *escondiendo la cara;* **Oráh**, *retando a* **Rion** *con la mirada. Silencio. Apartándose de ellas.*) No os acerquéis a él.

Oráh	¿Y la muerta?
Rion	Que haga lo que le dé la gana. Para eso está muerta.

(**Rion** *se aparta, sin dejar de mirarlas.*)

Ceh	¿Pérfidas?
Oráh	Eso dice.
Ceh	¿Qué es «pérfidas»?
Oráh	Desobedientes.

(**Ceh** *y* **Oráh** *se separan.* **Oráh** *cierra la navaja y la deja escondida en un rincón, mientras* **Ceh** *mira fijamente a* **AZ**.)

Ceh	¿Crees que querrá acunarnos?
Oráh	¿Acunarnos?
Ceh	Un poquito. ¿Crees que le apetecerá acunarnos un poquito? Como cuando éramos muy pequeñas y cabíamos en su bolsillo. Acunarnos un poquito como cuando éramos pequeñas de verdad.
Oráh	¿Rion?
Ceh	Él.

Oráh	Es mejor que él no nos toque. Ya sabes lo que pasa cuando estamos cerca de él.
Ceh	Sí. Da mucho miedo. Se le pone una cara muy rara.
Oráh	Es que ya está harto de Rion.
Ceh	Ya, es que se harta con facilidad. Es malísimo.
Oráh	Y Rion es muy tonta.
Ceh	Sobre todo es lenta. (*Riendo.*) Siempre la coge.
Oráh	(*Riendo.*) Siempre.
Ceh	(*Riendo.*) La muerta era más rápida.
Oráh	(*Riendo.*) La muerta era rapidísima.
Ceh	Hasta que se murió. (**Ceh** *se acerca a* **Rion** *y la mira, después regresa junto a* **Oráh** *y recoge la navaja. Juega con ella, distraídamente.*) Creo que se ha enfadado.
Oráh	Siempre se enfada.
Ceh	Siempre se enfada con nosotras.
Oráh	Se enfada con nosotras porque no puede enfadarse con él.

Ceh Pues menudo asco. (*Silencio. Aterrorizada.*) Nos está mirando otra vez.

Oráh Calla.

Ceh Me pone nerviosa.

Oráh ¡Calla, Ceh!

Ceh Que te miren así es pérfido.

(*Silencio.*)

Oráh Dámela.

Ceh ¿Otra vez?

Oráh Dámela.

Ceh ¿Otra vez hoy?

Oráh Que me la des.

Ceh ¡Nos está mirando!

Oráh Siempre nos mira.

Ceh (*Asustada.*) ¡Nos está mirando!

Oráh Como siempre.

Ceh Ella. Nos está mirando ella.

(**Oráh** *se gira lentamente hacia* **Rion**. **Rion** *las mira con recelo animal.*)

Oráh ¡Que mire!

Ceh ¡No! ¡Espera! ¿Qué haces? ¡Lo va a ver! ¡Se va a enfadar!

(**Oráh** *le arrebata la navaja a* **Ceh** *y avanza hacia* **AZ**. **Rion**, *en cuanto la ve, corre a ponerse en medio.* **Oráh** *levanta la mano.* **Rion** *se la sujeta. Luchan.* **Ceh** *corre hasta la navaja y la recoge. Va hasta* **AZ** *y le corta, con mucho cuidado de no quedar a su alcance.* **Rion** *grita y se libra de* **Oráh**, *lanzándola al suelo.*)

Rion (*Histérica.*) ¡Parad! ¡Parad ya las dos! ¡Parad! ¡Le hacéis daño! Le hacéis mucho daño. ¡Siempre le hacéis daño! ¡No dejáis de hacerle daño! ¡A pesar de todo lo que ha hecho por vosotras, le hacéis daño!

Oráh Él nos hace daño a nosotras.

Rion (*Gritando.*) ¡Os aguantáis!

Ceh Pues yo no me quiero aguantar más.

Oráh ¡Él siempre nos quiere hacer daño!

Rion Él puede. Él hace lo que tiene que hacer para que las cosas estén bien.

Ceh   Porque le dejamos. ¡Porque tú le dejas!

Rion   Él lo puede todo. Tiene que ser así. Para que uno sea feliz, otras tienen que sufrir. ¡Es así!

Oráh   Contigo. ¡Es así contigo!

Rion   ¡Con las cuatro!

Ceh   ¿Con la muerta también?

Oráh   (*Furiosa.*) ¡Mentira!

Rion   Él tiene derecho a todo.

Ceh   Es que con la muerta no le ha salido demasiado bien.

Oráh   Siempre dices eso, siempre le defiendes.

Rion   Él lo puede todo.

Oráh   ¡Él no sabe nada!

Ceh   Lo digo porque la muerta se ha muerto.

Rion   (*Agresiva.*) ¡Puta!

Oráh   ¡Él se lo inventa todo!

Ceh   Es verdad, Rion. Y se queda tan ancho.

Rion   ¡Él siempre dice la verdad!

Oráh	¡Tú no haces otra cosa que defenderle!
Rion	¡No le defiendo! ¡Soy justa! ¿De dónde habéis salido vosotras, putas ingratas? ¡De sus huevos cargados de amor y de su agujero que se descoyuntó para traernos a este inmundo valle de lágrimas! ¿Y quién paga vuestros vestidos, vuestras comidas, vuestros abortos, vuestros juguetes brillantes? ¿Quién ha pagado ese juguete con el que tanto os divierte cortarle su carne preciosa? ¡Él! Él paga, él manda.
Ceh	Te inventas unas cosas más raras...
Rion	Hago lo que tengo que hacer.
Ceh	(*Comprensiva.*) ¿Para no morirte, Rion? ¿Es eso? ¿Para no morirte como la muerta? ¿Te inventas esas cosas raras para no morirte?
Rion	Para que entréis en razón, putas. ¡Putas! ¡Más que putas!
Ceh	Siempre insultando.
Rion	¡No son insultos!
Ceh	¡Claro que lo son! ¡Son insultos feísimos!
Oráh	(*Terrible.*) Dices todas esas cosas, y pareces muy convencida, y le das mucho miedo a Ceh, ¡mucho!, pero tú, en el fondo, le odias.

Ceh   Como nosotras.

Rion   (*Escapando.*) ¡No!

Oráh   ¡En el fondo, le odias!

Ceh   ¡Más que nosotras!

Oráh   Porque te ensucia. Siempre te ensucia. Te ensucia el coño para ensuciarte el alma. Y las dos cosas —el alma y el coño— se te han podrido. Y, claro, ahora estás enfadada.

Ceh   ¡Enfadadísima!

Rion   ¡Hace lo que le da la gana!

Oráh   Por tu culpa. Lo hace por tu culpa.

Rion   Soy suya.

Oráh   ¡Y le odias!

Rion   ¡Yo le quiero!

Ceh   ¡Ya, claro!

Oráh   ¡Le odias!

Ceh   (*Amable.*) Pero no pasa nada, Rion. Yo entiendo por qué haces esas cosas tan raras.

Rion   (*Tapándose los oídos.*) ¡No, no, no! ¡Callaos de una vez!

Ceh   ¡Nosotras también le odiamos y eso que aún no ha podido ensuciarnos!

Oráh   Porque corremos mucho.

Ceh   Y porque no le escuchamos.

Rion   ¡Él no habla!

Ceh   Él no habla, pero nos hace hacer cosas con sus ojos llenos de odio y de anhelo.

Oráh   No necesita hablar.

Ceh   No tienes que sentirte mal por odiarle, Rion.

Oráh   O por querer matarle.

Ceh   Cuando alguien te ensucia es normal querer matarle.

Rion   (*Tapándose los oídos de nuevo, sin dejar de mirar a* **AZ**.) ¡No, no, no!

Ceh   Es lo natural. Cuando alguien te quiere, le cuidas; cuando alguien te ensucia, le matas.

Rion   (*Estallando.*) ¡No! ¡No! ¡No! ¡Putas asquerosas, cerdas rencorosas! ¡Niñas desagradecidas!

(**Rion** *corre hasta* **AZ** *y le llena de besos.* **AZ** *gime, satisfecho, con los besos. De pronto,* **AZ** *le agarra la cara a* **Rion** *con fuerza. Silencio.*)

Ceh   (*Gritando.*) ¡Suéltala! ¡Suéltala! (*Silencio.* **Ceh** *vuelve a gritar.*) ¡Que la dejes! (**AZ** *sujeta con firmeza la cara de* **Rion***, y se la restriega contra el taparrabos.* **Rion** *grita, salvaje.*) ¡Es malísimo!

Oráh   Como siempre.

Ceh   ¡Rion, deja de gritar!

Oráh   Ya estamos como siempre.

Ceh   Cuanto más gritas, más tarda.

Oráh   Igual que siempre.

Ceh   ¿No ves que cuanto más gritas, más le gusta?

Oráh   Anda, ayúdala.

Ceh   Ayúdala tú.

Oráh   No puedo. Me da asco.

Ceh   Y a mí, miedo.

Oráh   El asco es peor que el miedo.

Ceh   El miedo es mucho peor que el asco.

Oráh Por el asco, vomitas.

Ceh Y por el miedo, te mueres. Ve tú.

Oráh No.

Ceh ¡Que vayas!

Oráh Que no.

Ceh Por favor.

Oráh Bueno.

Ceh Pero ten cuidado.

Oráh Claro. (**Oráh** *se acerca y coge a* **Rion** *de una mano. Empieza a tirar. No consigue soltarla.* **AZ** *gruñe.*) ¡No puedo!

Ceh Espera. Voy. (**Ceh** *tira de* **Oráh** *y, así, ambas logran despegar la cara de* **Rion** *del taparrabos de* **AZ**. *Las tres caen al suelo por el impulso.* **AZ** *se levanta de golpe, y grita, histérico, con todo el cuerpo crispado.* **Rion** *tose en un rincón, sufriendo arcadas e intentando limpiarse la boca, mientras* **Ceh** *y* **Oráh** *se tapan los oídos con fuerza.* **AZ** *cae de nuevo en la silla, sentado, exhausto.*) Ahora se va a enfadar.

Oráh Da igual.

Ceh Siempre se enfada.

(**Rion** *comienza a arrastrarse hacia un rincón, donde se esconde.*)

Oráh ¡Da igual! Me da igual lo mucho que se enfade.

Ceh Siempre están enfadados. Los dos. ¡Siempre! ¡Qué rollo!

Oráh No me importa.

Ceh Y las que deberíamos estar enfadadas somos nosotras.

Oráh ¡Que no me importa!

Ceh Y la muerta. La muerta tendría que estar enfadadísima.

Oráh ¡He dicho que no me importa!

Ceh (*Triste.*) A veces parece que no te importa nada, Oráh.

Oráh Eso te lo parecerá a ti.

(**Rion**, *desde su rincón, la mira fijamente.*)

Ceh Nos lo parece a todos.

Oráh ¿Todos?

Ceh ¡Todos!

Oráh	¿Y quiénes son todos?
Ceh	(*Fuera de lugar.*) Pues no lo sé.
Oráh	¡No lo sabes!
Ceh	No lo sé, Oráh.
Oráh	¿Ves?
Ceh	(*Perdida.*) No lo sé.
Oráh	(*Furiosa, mirándola.*) Tú nunca sabes nada. Opinas de todo y no sabes nada.
Ceh	(*De golpe.*) Ellos. (*Señala a* **Rion** *y a* **AZ**.) ¡Ellos!
Rion	A mí dejadme en paz. No quiero saber nada de vuestros juegos. ¡Estoy harta de vuestros juegos! Lo convertís todo en un juego, un juego de mierda que no entendéis.
Oráh	La que no lo entiende eres tú.
Rion	Mucho mejor que vosotras.
Oráh	Pero nadie te ha invitado a jugar.
Rion	¡Es que el juego es mío!

(**Ceh** *corre a interponerse entre* **Rion** *y* **Oráh**, *mientras habla.*)

Ceh ¡Ellos son todos! ¿Ves como sé más de lo que tú piensas? ¿Lo ves, Oráh? Sé un montón de cosas, pero es que tú nunca me escuchas...

Rion Si quisiese...

Oráh (*Interrumpiendo.*) Nadie quiere jugar contigo.

Rion Si yo quisiese...

Oráh (*Interrumpiendo.*) Solo él, que juega con cualquier cosa que tenga agujeros de entrada o de salida, con cualquier cosa en la que pueda meterse y destruir desde dentro, con cualquier cosa que pueda sajar, robar e inmolar.

Ceh ¡Y tú dices que no sé nada! (*Riendo.*) Oráh, parece que la que no sabe nada eres tú. Al final, voy a ser yo la que más sabe de las cuatro.

Oráh Solo le gustas a él.

Ceh (*Riendo.*) ¡Que no sé nada!

Oráh Y le gustas porque...

Rion (*Interrumpiendo, salvaje.*) ¡Porque me ha ensuciado! ¡Porque me ha ensuciado! ¡Ya lo has dicho! ¡Ya lo has dicho muchas veces! Así que para ya de decirlo. Porque cada día que pasa soy un poquito menos yo y un poquito más él. ¡Por eso! Ya lo has dicho. Y estoy cansada de oírtelo decir. Muy cansada.

Ceh	Es que es verdad, Rion.
	(**Rion** *corre hasta* **Ceh** *y la pega en la cara con fuerza, tirándola de espaldas. Después, camina nerviosa hacia su rincón, donde se sienta.* **Oráh** *se acerca a* **Ceh**.)
Oráh	Ellos no son todos, Ceh. (**Oráh** *le limpia la sangre de la boca a* **Ceh**.) Le has partido la boca.
Rion	Que se aguante.
Ceh	Ya me aguanto, idiota.
Rion	Pues hazlo en silencio.
Ceh	No quiero. No me gusta aguantarme en silencio. Eso es lo que queréis él y tú, que nos aguantemos en silencio. ¡Pues no quiero!
Rion	Vais a acabar las dos como la muerta. ¿Lo sabéis? ¡Vais a acabar las dos como la muerta! ¡Dos putas muertas!
Oráh	Rion, eres muy pesada.
Ceh	(*Contenta.*) ¡Él!
Oráh	¿Él?
Ceh	Él es todos. Si ellos no son todos, entonces, él es todos. Él es todos. Todos los demás son él, ¿no, Oráh?

Oráh No, Ceh. Él no es todos. Nadie es todos, pero menos que nadie, él. Él es lo contrario a todos. (*Según va hablando, se va poniendo más y más nerviosa.*) Él es una cosa que no debería existir. Él es lo peor que se puede ser en el mundo. Él es una sombra amarga que quiere arrancarnos la piel para ponérsela. ¡Se disfraza de nosotras! Él nos sorbe la esencia y la libertad porque quiere vivir muchas vidas, vidas que tuvo miedo de vivir y que sueña en recrear en nosotras. Él es un pantano que nos contamina el alma y el corazón, que nos infecta a cada segundo que pasamos en su presencia. Él nos pudre, él nos somete, él nos pervierte solo por estar cerca. Solo existe para arrancarnos la piel y ponérsela. (*Histérica.*) ¡Es un monstruo que quiere robarnos el coño, los ojos y la piel! ¡Es un monstruo que nos quiere robar la piel y ponérsela en lo alto de la cabeza para tener una segunda vida, y luego una tercera, y luego una cuarta, y luego...!

(**Oráh** *ha ido acercándose sin darse cuenta a* **AZ**. **AZ** *la ha estado observando con deleite, como un animal salvaje que estuviese cazando, y, cuando la tiene lo suficientemente cerca, la agarra con todas sus fuerzas y la atrae hacia sí.* **Oráh** *grita, desconsolada.*)

Ceh (*Gritando y saltando, pero sin atreverse a acercarse.*) ¡Déjala! ¡Déjala en paz! ¡Déjala! ¡Rion, la ha cogido!

Rion (*Levantándose.*) ¡Cállate!

Ceh	(*Gritando.*) ¡Rion, Rion, Rion! ¡Mira lo que está haciendo! (**Oráh** *intenta soltarse, gritando, mientras* **AZ** *le intenta levantar la falda.* **Ceh** *grita, histérica.*) ¡La vas a romper! ¡Suéltala! ¡Eres malísimo!
Rion	(*Avanzando.*) ¡Déjale en paz!

(**AZ** *aparta la falda lo suficiente y empieza a manipular su pene, mientras* **Oráh** *grita, desconsolada, sin dejar de forcejear.*)

Ceh	(*Histérica.*) ¡La va a ensuciar! ¡La va a ensuciar como a ti y como a la muerta! ¡La va a romper para siempre!
Rion	(*Cargando contra ella.*) ¡Calla!
Oráh	(*Gritando.*) ¡Suéltame! ¡Déjame en paz!
Ceh	(*Histérica.*) ¡La vas a romper como a Rion y a la muerta! ¡Para!
Rion	(*Histérica.*) ¡Calla!

(*Mientras* **Oráh** *se resiste y* **AZ** *trata de introducirle el pene, sin éxito, en la vagina, sentándosela encima,* **Rion** *zarandea con mucha fuerza a* **Ceh**, *que llora.*)

Ceh	(*Llorando.*) ¡Ayúdala, ayúdala, ayúdala! ¡Ayúdala, por favor!

Rion	(*Cayendo de rodillas.*) ¡Yo no sé ayudar a nadie!
	(**Oráh** *sale despedida, cayendo al suelo, lejos del alcance de* **AZ**, *que empieza a intentar agarrarla alargando las manos, salvaje y consumido, pero sin levantarse de la silla.* **Oráh** *se pone en pie y jadea, nerviosa. Se arregla el vestido y llora un segundo. Después se gira hacia* **Rion**, *que la mira desde el suelo.* **Oráh** *corre hacia donde está la navaja, la coge y se acerca a* **Rion**. *Levanta la navaja.* **Rion** *levanta la cara. Se miran.* **Oráh** *la escupe y cae de rodillas, llorando.* **Ceh** *corre a consolarla.* **Rion** *se aparta.* **AZ** *vuelve a su hieratismo.*)
Ceh	Estás bien. No ha pasado nada. Estás bien.
Oráh	¿Verdad?
Ceh	¡Has sido muy rápida!
Oráh	¿Lo he hecho bien?
Ceh	Muy bien.
Oráh	¿He sido valiente?
Ceh	Muy valiente. Yo no habría podido.
Oráh	Seguro que sí.
Ceh	Imposible. Me habría rendido.
Oráh	(*Fría.*) ¿Quieres probar?

Ceh	(*Aterrorizada.*) No, Oráh. No quiero probar.
Oráh	(*Muy fría.*) ¿Seguro?
Ceh	(*Aterrorizada.*) Seguro.
	(*Silencio.*)
Oráh	Creo que ahora mismo me vendría muy bien que alguien me acunase.

(*En ese momento, de golpe, la figura inerte de la esquina, **La muerta**, se yergue. Se pone en pie de un salto y mira hacia delante.*)

La muerta Déjame en paz. Déjame dormir en paz. ¡No me hagas más daño!

(**AZ** *mira con intención a* **La muerta**.)

Rion	(*Alegre.*) ¡La muerta!
Ceh	(*Sorprendida.*) ¡La muerta!
Oráh	(*Asustada.*) ¡La muerta!

La muerta (*Dolida.*) ¡No me obligues! ¡Por favor, no me obligues a acercarme a ti otra vez!

(**AZ** *la mira con intención.* **La muerta**, *sufriendo, intenta resistirse. No lo logra.*)

La muerta (*Susurrando.*) ¡Noticias del padre nefando! (**La muerta** *olisquea el aire, buscando a* **AZ**. *Comienza a avanzar, deslizándose, tanteando, ciega, por el espacio. Se mueve de forma fragmentada, como si su cuerpo no la obedeciese.* **Ceh**, **Rion** *y* **Oráh** *la esquivan, terminando las tres agazapadas en el rincón contrario al que utilizaba* **La muerta** *como lugar de descanso. Por fin, llega junto a* **AZ** *y le acaricia todo el cuerpo.* **AZ** *gruñe.* **La muerta** *acerca su oído a la boca de* **AZ**. *Él murmura y ella comienza a hablar.*) ¡No me gusta que me cortéis! ¡No me gusta nada que me cortéis! ¡Me pone muy nervioso! ¡Me indigna! ¡Y estoy hasta los santos huevos, ¡huevos, que por otro lado, deberíais reverenciar!, de que me cortéis con la puta navaja que, encima, os he regalado yo! ¡A partir de hoy no quiero a ninguna puta vengativa cortándome con ninguna navaja! ¡Y ya puestos —y porque os conozco lo digo— tampoco quiero que me cortéis con ningún otro objeto!

(**AZ** *vuelve a murmurar en el oído de* **La muerta**.)

Rion ¿Veis?

Oráh Ni caso. Siempre dice lo mismo.

Ceh ¡Cómo se pone!

La muerta ¡Os quejáis demasiado! ¡Os quejáis de todo! ¡Y me echáis la culpa a mí de vuestros errores, cuando yo lo único que he hecho es intentar llevaros por el buen camino y supeditar, ¡siempre!, vuestros deseos —normalmente desviados— a mis caprichos! ¡Mis caprichos, por ser míos, entenderéis que tienen mucho más valor que vuestros deseos, que no tienen más mérito que el ser vuestros! ¡Nadie nace sabiendo! ¡Y si me he equivocado, o no, que todo puede ser, es por eso mismo: nadie nace sabiendo! ¡Y si nadie nace sabiendo y yo soy nadie, será lo natural que yo me equivoque! ¡Así que nada de reproches! Dadme gracias por el don de la vida y dejaos de críticas. Nadie nace sabiendo.

Ceh   ¿Es verdad que nadie nace sabiendo?

Oráh   Pero se puede aprender.

Ceh   ¡Eres malísimo!

(**AZ** *vuelve a murmurar en el oído de* **La muerta**.)

La muerta   Y si alguna vez habéis pensado que quería haceros como yo, es que poco me conocéis. Yo nunca he querido otro AZ, otro yo. ¿Para qué? ¿Qué haría con eso? Yo lo que siempre he pretendido —y por lo que deberíais estarme agradecidas— es conseguir un yo mejor. ¡Un yo mejorado a través de vosotras! He vivido mi vida y, ¡ya veis!, ha sido una vida amarga, corta y nefasta. Pero gracias a vosotras tengo la oportunidad de vivir de nuevo. Por eso debéis estar a mi disposición. Mi herrumbre vive en vuestra alma. Cada uno de mis gestos de reproche os hunden en la desesperación; cada uno de mis juicios os consumen; cada uno de mis delirios os aterrorizan... Y, por si fuese poco, mi control de los juguetes, las comidas y el barro donde se vive, es completo. ¡Mi urdimbre ha contaminado vuestras almas! ¡Y vosotras sois mías, porque os he hecho yo! ¡Yo, yo, yo! ¡Nadie nace sabiendo!

(**AZ** *estalla en carcajadas.* **La muerta** *se derrumba en el suelo y comienza a arrastrarse hacia su rincón.*)

Ceh   (*Levantándose, muy enfadada.*) ¡Eres malísimo!

(**AZ** *deja de reír de golpe.* **Rion** *se encara con* **Oráh.**)

Rion   Ya le habéis oído.

Oráh   ¡Yo no he oído nada!

Rion   No quiere que le cortéis.

Oráh   ¡Yo no he oído eso!

Rion   ¡Lo ha dicho!

Oráh   ¡Me da igual! ¡Yo he oído otras cosas! ¡Cosas de las que tú no quieres hablar! ¡Cosas importantes, Rion! ¡Cosas de urdimbres y de herrumbres! ¡Cosas feas de nuestras almas!

Rion   (*Seca.*) Ha dicho que no quiere que le cortéis.

Ceh	¿Por qué nos dice esas cosas feísimas? ¿Por qué nos las dice a nosotras?
Rion	Dame el juguete.
Ceh	Yo no quiero que me digan cosas feísimas.

(**Oráh** *corre y coge la navaja. La abre y sonríe.*)

Oráh	¡No!
Rion	Dámelo.
Oráh	¡Para que te lo quedes!
Rion	Para que lo rompa.
Oráh	Ahora sí que no te lo doy.
Ceh	¿Por qué nos dice cosas tan feas? (*A* **AZ**, *con rencor.*) ¡Eres malísimo!

(**Ceh** *mira con pánico lo que hacen* **Oráh** *y* **Rion**, *mientras* **La muerta** *sigue arrastrándose por el escenario.*)

Rion	(*Gritando.*) ¡Que me lo des, niña desagradecida!
Oráh	¡No me grites!
Rion	(*Gritando.*) ¡Que me lo des! ¡Dame el juguete, niña de puta mierda!

Ceh	Pídeselo por favor.

(**Oráh** *ataca a* **Rion** *con la navaja, pero* **Rion** *se aparta.*)

Oráh	¡He dicho que no me grites!

(**Rion** *lanza un grito y se abalanza sobre* **Oráh**. *Luchan. Mientras,* **Ceh** *clava los ojos en* **AZ***, que sin dejar de mirarla, mueve las manos, manejando a su antojo a* **Oráh** *y* **Rion**. *La respiración de* **Ceh** *se acelera.* **Oráh** *y* **Rion** *ruedan por el suelo, luchando.*)

Rion	(*Gritando.*) ¡Él no quiere que le cortéis! ¡No lo quiere! ¡Lo ha dicho! ¡Le hemos oído y ya no podemos negar su voluntad!

Oráh	(*Gritando.*) ¡También quiere ensuciarte! ¡También lo quiere! ¡Ésa también es su voluntad! ¿Vas a dejar que te ensucie? ¿Le vas a dejar? ¿Lo vas a hacer porque él quiere?

(**Rion** *se hace con la navaja y se dispone a cortarle el cuello a* **Oráh**. **AZ** *se levanta, mimando el mismo gesto exacto que hace* **Rion**.)

Ceh	¡No! ¡Esas cosas no se hacen! ¡No se hacen! ¡No son cosas buenas! ¡No son cosas que se deban hacer! ¡Son cosas feísimas!

(*Silencio.* **Ceh** *se levanta, muy decidida, y se acerca a* **Rion**. *Le quita la navaja de un manotazo.*)

Avanza con firmeza hasta **AZ**. *Le mira a los ojos.*
AZ *susurra.*)

La muerta   Nadie nace sabiendo.

Ceh   Pero se puede aprender. (**AZ** *se queda inmóvil.*
Ceh *le corta los testículos.* **AZ** *lanza un grito desgarrador y queda inerte en la silla.*) Por malísimo.

(**La muerta** *lanza un grito y queda inerte en el suelo.* **Rion** *y* **Oráh** *se acercan a* **Ceh**, *que observa la figura desmadejada de* **AZ**.)

Rion   (*Temblando.*) ¿Qué vamos a hacer? ¿Qué vamos a hacer ahora? (*Con suavidad.*) ¿Me podéis decir qué vamos a hacer ahora, putas de mierda? ¡Está roto! ¡Roto completamente! ¡Lo habéis roto! ¡Al final, lo habéis roto! ¡Alguien tendrá que arreglarlo! ¿Quién lo va a arreglar? De verdad, por favor, ¿quién lo va a arreglar?

(**Oráh** *recoge los testículos de* **AZ** *del suelo y le pasa uno a* **Ceh**. **Ceh** *lo mira sin saber qué hacer.* **Oráh** *le pega un mordisco al testículo y después, escupe. Revienta el testículo.* **Ceh** *comienza a reírse.* **Ceh** *muerde el testículo y también escupe. Después lo revienta.*)

Oráh   Final feliz.

Ceh   El monstruo está muerto.

Oráh   Aunque no se nace sabiendo...

Ceh	Se puede aprender. (**Oráh** *y* **Ceh** *se abrazan y caen de rodillas.* **Rion** *se acerca, llorando, al trono, y aparta a* **AZ**, *que cae inerte al suelo. Sin dejar de llorar, se sienta en la silla y mira fijamente a* **Oráh** *y a* **Ceh**.) Oráh...
Oráh	¿Qué?
Ceh	(*Asustada.*) Nos está mirando...
Oráh	(*Muerta de miedo.*) No la hagas caso.
Ceh	(*Sorprendida.*) ¡Eres malísima! (*Mirando a* **Oráh**.) ¡Corre!

(*Las dos comienzan el movimiento de correr y se hace un...*)

Oscuro.

Esta primera edición de *Retablo pánico,*
de Ramón Paso, terminó de imprimirse
en octubre de dos mil veinticinco,
en Madrid.